エンデュアランス号大漂流

ICE STORY

Shackleton's Lost Expedition

エリザベス・コーディー・キメル
千葉茂樹＝訳

ICE STORY
Shackleton's Lost Expedition
by Elizabeth Cody Kimmel

First Published in the United States by Clarion Books,
a Houghton Mifflin Company imprint,
under the title ICE STORY : SHACKLETON'S LOST EXPEDITION.
Japanese translation rights arranged with Sheldon Fogelman Agency, Inc.,
through Tuttle-Mori Agency, Inc., Tokyo.

Book design by Masayuki Takahashi

われらは海の大馬鹿者《おおばかもの》。
けだるい陸に未練はない。
南の旅に心を焦《こ》がし、さかまく風に酔《よ》いしれる。
利口者の安穏《あんのん》な世界は日々に色あせ、
後悔《こうかい》を知らぬわれらは、
海図のない海をひた走る。

セント・ジョン・ルーカス

目次

アーネスト・シャクルトン

プロローグ

それは、一九一六年四月二十四日の午後のことだった。草一本生えていない岩だらけの浜辺《はまべ》に、二十二人の男たちが立っている。うしろには巨大《きょだい》な氷河がおおいかぶさるようにそびえ立ち、目の前の海では大波がくだけ散っている。どの男も、汚《よご》れたぼろぼろの服を着て、見るからに寒そうだ。男たちは沖《おき》に遠ざかっていく一隻《せき》の木製のボートを見つめている。荒《あ》れくるう波にもまれるボートは、小さくていかにもたよりない。ボートにのっているのは、アーネスト・シャクルトンと五人の男たちだ。ボートの男たちは、浜辺《はまべ》に向かって必死に手をふっている。浜辺《はまべ》の男たちもボートが見えなくなるまで手をふりつづけた。おたがいに、もう二度と会えないかもしれないと不安に思いながら。

浜辺《はまべ》にのこった男たちも、小さなボートの六人とおなじくらい、安全とはかけはなれていた。

エレファント島にて

ここエレファント島は、南極大陸の沖合《おきあい》にある、岩と氷におおわれた山ばかりの島だ。二十二人の男たちがいま立っているせまい浜辺《はまべ》のほかには、人が暮らせるような場所はない。そんな島で助けを待つ男たちがいることを知る人は、世界中のどこにもいなかった。どこかの船がたまたま近くを通りかかって、助けてくれるという望みもない。おまけに、おそろしい南極の冬は、すぐ目の前にせまっている。氷と岩だけのせまい浜辺《はまべ》に、身を守ってくれるものなど、なにひとつないというのに。

シャクルトンたちが荒海《あらうみ》へとのりだした木製ボートは、ジェームズ・ケアード号という名の、全長わずか七メートルたらずの救命ボートだ。ボートは、千三百キロもはなれたサウスジョージア島をめざしていた。サウスジョージア島は捕鯨船《ほげいせん》の基地で、一年を通して人が暮らしている。シャクルトンはなんとかこの島にたどりついて、おそろしい冬がやってくる前に、エレファント島のなかまをつれもどす救助船を送りだそうと考えていた。

しかし、シャクルトンの前に立ちはだかる海は、世界中のどこよりも荒《あ》れるといわれている。この海では、ケアード号の十倍もある大きな船が何隻《せき》ものみこまれ、あとかたもなく姿を消していた。三十メートルもの高さの波が休みなくおそいかかり、突風《とっぷう》も吹《ふ》き荒《あ》れる海なのだ。奇《き》跡《せき》でも起こらないかぎり、ケアード号がサウスジョージア島にたどりつくことは無理だろう。それでも、シャクルトン自身よくわかっていたように、生きのびるためには、その奇跡《きせき》にかけるしか、ほかに方法がなかった。

二十八人の運命は、木の葉のように小さなボートで荒海《あらうみ》にのりだす、一人のリーダーの勇気と腕《うで》にかかっている。男たちは、いったいどうして、世界のはてで、そのような絶望的な状況《じょうきょう》におちいることになったのだろう。

男たちは、ここにたどりつくまでに信じられないようなできごとを次々とくぐりぬけてきた。すべては、シャクルトンが、三本マストの大型帆船《はんせん》エンデュアランス号で、南極大陸に向けて船出をしたことにはじまる。シャクルトンは、南極探検家として、それまでに数々の伝説を作りあげていたアイルランド生まれの男だった。

これからお話しするのは、かつてだれも経験したことのない、偉大《いだい》な探検失敗の記録、事実でありながらとても信じられないような漂流《ひょうりゅう》の記録だ。

第一章　冒険《ぼうけん》へのあこがれ

何千年にもわたって人々は、はるか南、海のかなたに、人が足を踏《ふ》み入《い》れたことのない広大な大陸が横たわっているのではないかと考え、あれこれ想像してきた。地球が丸いことが証明されるよりずっと前から、この幻《まぼろし》の大陸は「知られざる南のはての大陸《テラ・アウストラリス・インコグニタ》」として地図に書かれていた。

南極大陸が、実際に人間の目で確かめられたのは一八二〇年のことだ。「南のはての大陸」は、本当にあったのだ。しかし、雪と氷河にはばまれた海岸線の奥になにがあるのかは、だれにもわからなかった。一九〇〇年代になってもなお、この大陸に上陸した人間は、ほんのひとにぎりしかいなかったのだから。

こうして南極大陸は、冒険心《ぼうけんしん》にあふれる人々の想像力をかきたて、とりこにした。たとえ、命をおとすことになるとしても、自分の目で確かめたいという情熱にとりつかれたあらゆる職業の人々が、世界中から南極大陸探検という大冒険《だいぼうけん》のために集まってきた。そして、世界中の人々が、おそれと期待に胸をふくらませながら、探検隊の帰りを待ち、南極からもたらされる物語に耳をかたむけた。

二十世紀初頭のこの当時、人々は、南極大陸探検に強い関心をよせていた。それは一九六〇年代の宇宙進出への関心にもおとらなかった。しかし、宇宙飛行とはちがって、南極大陸への探検には数年という長い時間がかかり、その間、文明世界とはいっさい連絡《れんらく》をとることができなかった。ひとたび探検隊が出発してしまうと、のこされた家族も一般《いっぱん》の人々も、ただ、探検隊に起こっていることを想像しながら待つしかなかった。

アーネスト・シャクルトンは、子どものころから大冒険《だいぼうけん》にあこがれ、人とはちがうことをしたいと夢見る活発な少年だった。アーネストは男の子二人、女の子八人、計十人兄弟の長男として生まれた。両親が、将来アーネストは探検家になるのではないかと思っていたとしても不思議ではない。地球の裏側、オーストラリアに通じるトンネルを掘《ほ》ろうと、裏庭を掘《ほ》るような子どもだったからだ。

シャクルトン家は、愛情に満ちた家庭で、家のなかはいつもあたたかく、笑いがあふれていた。両親はアーネストが小さいころから、やりたいことはどんどんやるようにはげましていた。弟妹たちは、がんこでがむしゃらな兄のことをひたすら尊敬していた。アーネストの最初の熱心なファンといってもいいほどだった。

一八七四年にアイルランドに生まれたアーネストは、十歳《さい》のときに家族とともにイギリスへ移った。アーネストははじめは学校に通わず、家庭教師に勉強を教えてもらっていた。十歳《さい》になると私立の小学校に通いはじめ、三年後、ダリッチというパブリックスクールに進学した。学校ではあまり勉強熱心な生徒ではなかったが、本や雑誌だけはむさぼるように読んでいた。アーネストは、本を通じて冒険《ぼうけん》へのあこがれをつのらせていったのだ。

十六歳《さい》になると、アーネスト・シャクルトンは家を飛びだして、船乗りとして商船にのりこみ、自分でお金をかせぐようになった。その後、何度となくのりだすことになる航海の第一歩だ。はじめてのった船はホートン・タワー号という大きな帆船《はんせん》で、シャクルトンは複雑な作業の数々を基礎《きそ》からみっちりとしこまれた。航海は苦労の連続だったが、船乗りとしてのさまざまな知恵《ちえ》や技術を身につけ、その上給料までもらえるのだから、シャクルトンにとっては願ってもなかった。

ホートン・タワー号での航海を終えたシャクルトンは、今度は、四年契約《けいやく》で商船の船乗りとして働くという契約書《けいやくしょ》にサインをしている。そして一八九八年、二十四歳《さい》になったシャクルトンは、商船の船長になるための試験に合格した。これで、機会さえあれば、船長として船をあやつることができるようになったのだ。

船で世界のあちこちをめぐるシャクルトンの耳に、巨大《きょだい》で、神秘に包まれた南極大陸の呼び声が届くようになるのも時間の問題だった。南極大陸は、本当の意味で、地球にのこされた最後の未知の世界だった。発見されてまだまもなく、その真の姿はほとんどわかっていない。だからこそ、勇敢《ゆうかん》な人々は挑戦心《ちょうせんしん》をかきたてられずにはいられなかった。

この未知の世界へのあこがれを胸にいだいていたシャクルトンは、南極点へ向かう探検隊が組織されたことを耳にする。探検隊長は、ロバート・ファルコン・スコットという名の、若い海軍士官だった。シャクルトンはこの探検のことを知るとすぐに参加を決意し、南極大陸へと向かう船、ディスカバリー号の乗組員として船にのることになった。

この探検がおこなわれたのは、一九〇一年から一九〇四年にかけてだが、このころには、まだ南極点どころか、その近くにさえたどりつくことのできた探検隊はなかった。シャクルトンは強い肉体と熱意を買われ、南極点をめざす地上隊の一人に選ばれた。同行するのはスコットとエドワード・ウィルソン博士だ。なかまたちを船にのこし、食糧《しょくりょう》やキャンプ道具を積んだ犬ぞりをしたがえて、三人は徒歩で極点をめざして出発した。

　三人は三か月後にもどってきた。犬は一ぴきものこっていなかった。あるものはたおれ、あるものは食用に殺されたのだった。スコットは衰弱《すいじゃく》しきっていた。シャクルトンもまた、生命があやぶまれるほどの重い病気にかかっていた。三人の南極点への挑戦《ちょうせん》は失敗に終わった。病気や食糧《しょくりょう》の不足、きびしい気象条件が重なって、南極点までまだ七百キロあまりをのこして、ひきかえしてこなければならなかったのだ。

　このときの経験で、シャクルトンは南極探検のきびしさを知り、多くのことを学んだ。南極点をめざし、いずれも失敗に終わったほかの探検家たちとおなじように、シャクルトンもまた、南極探検のとりこになって、ふたたび挑戦《ちょうせん》しようと心に誓《ちか》った。

　スコットも南極にもどってきた。シャクルトンは参加していなかったが、一九一一年から翌年にかけ

南極大陸は雪と氷におおわれている。後方に見える山が、1907年の探検の際、シャクルトンが初登頂に成功したエレバス山（UPI/CORBIS-BETTMAN 提供）

ての探検で、スコットはついに南極点にたどりついた。しかし、スコットはそこに、ノルウェーの国旗がひるがえっているのを見た。ロアルド・アムンゼンがひきいるノルウェーの探検隊が、わずか一か月の差でスコットを打ち負かしたのだった。こうして、アムンゼンが世界ではじめて南極点に達した人間として歴史に名前をとどめることになり、スコットの夢は打ちくだかれてしまった。

南極点からの帰り道、絶望し、疲《つか》れはてたスコット隊のメンバーは、食べ物もなくなったところを、暴風雪《ブリザード》におそわれ、テントを張ってキャンプしなければならなくなった。寒さと飢《う》えがおそいかかり、希望もなく寝袋《ねぶくろ》のなかで眠《ねむ》るだけの隊員たちは、すこしずつのこった力を使いはたしていった。

結局、探検隊員は一人も生きてもどることはなかった。捜索隊《そうさくたい》に発見されたとき、テントのなかにはスコットの日記がのこされていた。スコットは南極について次のように書いている。

「おお、神よ。ここはおそろしい場所です!」

しかし、シャクルトンは、そのおそろしい場所に、ふたたび向かう日を心待ちにしていた。名前を歴史にとどめる場所になるのか、それとも死に場所になるのかは、まだ知るはずもなかった。

第二章　出航

一九一四年、大英帝国《だいえいていこく》南極横断探検隊の準備をはじめたころには、シャクルトンはすでに、イギリスの誇《ほこ》る偉大《いだい》な極地探検家の一人として世界に知れわたっていた。

一九〇七年には、シャクルトンのひきいる探検隊は、南極点まであと百五十キロの地点にまで達した。これはその時点で、いちばん南極点に近づいた記録だった。おなじ探検旅行では、南極大陸の海岸近くにそびえる高さ約四千メートルの火山、エレバス山への初登頂という記録ものこしている。このときの探検の功績によって、シャクルトンは帰国後、イギリス国王から騎士《ナイト》の位を授けられている。

今回の探検は、シャクルトンにとって南極大陸に足を踏《ふ》み入《い》れる三度目のチャンスだった。すでにアムンゼン隊が南極点に到達《とうたつ》してしまっていたので、シャクルトンはもっとむずかしい探検を計画していた。広大な南極大陸を、徒歩で横断しようというもので、その距離《きょり》は三千キロにもなる。食糧《しょくりょう》やキャンプ道具などは犬ぞりにひかせる。まずは船でウェッデル海の海岸に上陸し、そこから南極点を通って、大陸の反対側の海岸をめざすという歴史上はじめての探検になるはずのものだった。

大陸の向こう側のロス海には別の隊が船で先回りして、大陸を横断してきたシャクルトンたちのために、食糧《しょくりょう》などを備えた補給所を設営しておく予定だった。ごく単純に見える計画だが、実際にそれがどれほどむずかしいものなのかは、シャクルトン自身がいちばんよく知っていた。

南極大陸は、そのほとんどを氷と雪におおわれた、人をよせつけない土地だ。そこで暮らしている人間は一人もいないし、植物もほとんど生えていない。動物といえば、アザラシとペンギンがいるぐらいだ。気温はとてつもなく低い。ブリザードとよばれる、雪をともなうはげしい風が吹《ふ》き荒《あ》れることもしょっちゅうで、一度はじまると数日やまないこともある。

このような南極のきびしさは、すでに当時、広く知られていた。それにもかかわらず、シャクルトンが計画を発表すると、探検隊への参加を熱心に希望する男たちが、何千人も申しこんできた。

シャクルトンはその何千人ものなかから、二十六人の男たちを選びだした。船長としてのりこむことになったフランク・ワースリーは、のちに、こんなエピソードを語っている。ワースリーはある日、ロンドンのある通りが氷河に埋《う》めつくされている夢を見た。この奇妙《きみょう》な夢に導かれて、その通りに足を向けたところ、シャクルトンの事務所を見つけた。探検隊への参加を申しこむと、その場でシャクルトンに選ばれたのだ、と。

二十七人目の隊員は、船が陸地を遠くはなれたとき、とつぜん姿をあらわした。この若者は、密航者としてシャクルトンの船にもぐりこんでいたのだった。

シャクルトンは自分の船にエンデュアランス号と名づけた。これは、シャクルトン家の家訓からとったものだ。エンデュアランス、つまり、「不屈《ふくつ》の精神」によって勝利する、というのがその家訓だった。エンデュアランス号は木造の、バーカンティン型とよばれるタイプの三本マストの大型帆船《はんせん》で、全長約四十五メートル、幅《はば》は約八メートル。石炭を燃料とするエンジンつきの、ノルウェーの造船所で造られた、極地用の特別がんじょうな船だった。

ところが、探検の準備が最後の段階にさしかかったところで、世界の情勢がどんどん悪化して、探検の先行きがあやしくなってきた。

オーストリア皇太子フェルディナント大公がセルビア人によって暗殺されたのを皮切りに、国家間の緊張《きんちょう》が高まり、一か月後にはオーストリア・ハンガリー帝国《ていこく》がセルビアに宣戦を布告した。すると、セルビアの同盟国ロシアは、すぐさまオーストリア・ハンガリー帝国《ていこく》の国境へとおしよせた。ヨーロッパ中の国家が、どちらの味方につくかでゆれ動いた。ドイツがロシアとフランスに対して宣戦布告し、みるみるうちにヨーロッパ中が敵と味方に分かれての戦争へとかりたてられていった。八月五日には、ついにイギリスもドイツに対して宣戦布告した。

こうして、第一次世界大戦がはじまった。母国イギリスが参戦した以上、探検どころではないと判断したシャクルトンは、つらい思いをしながらもすぐさまイギリス海軍本部に連絡《れんらく》をとり、エンデュアランス号とその乗組員を戦争に使ってもらってかまわないと伝えた。

これに対して、海軍大臣ウィンストン・チャーチルからすぐに電報が届いた。そこにはただひとこと「続行せよ」と書かれていた。こうしてエンデュアランス号は、南極大陸へ向けて、戦争に突入《とつにゅう》したイギリスをあとにした。

エンデュアランス号は、サウスジョージア島に寄港した後、一九一四年十二月のはじめに、いよいよ文明圏《ぶんめいけん》をはなれ、南極に向けて進みはじめた。しかし、出発してわずか三日目にはエンデュアランス号の周囲に流氷があらわれはじめた。南半球では、まだ夏のまっさいちゅうだというのに。

南極の海域では毎年冬になると氷が張りつめて、広大な氷の平原ができる。この氷は夏になっても完全にとけることはなく、まるで、氷のよろいのように南極大陸のまわりをびっしりととりかこんでいる。こうした氷が割れて海にただよっているものは流氷とよばれて、流氷が帯のようにつらなって移動する流氷帯には、がんじょうな船をもおしつぶす力がある。

海にはまた、氷山もたくさんただよっている。氷山は海水が凍《こお》ったものではなく、大陸にできた氷河が海へとおしだされたものだ。なかには幅《はば》四十キロ、高さ三十メートルなどという巨《きょ》大《だい》なものもあり、宇宙からでも見えるといわれている。南極大陸横断という冒険《ぼうけん》は、この上なく危険なものだが、それ以前に南極大陸に近づくこと自体、命がけの冒険《ぼうけん》なのだ。

シャクルトンは、南極大陸からこれほどはなれた位置で氷にであうとは、思ってもいなかった。おまけにその氷は、大きさといい量といい、これまでの南極探検では経験したことのないものだ。シャクルトンは、不安を感じていることを隊員たちには知らせなかった。しかし、凍《こお》った海をはじめて見る乗組員たちも、目の前に広がっている光景が危険なものであることには、はっきりと気づいていた。まともにぶつかったら、船には穴があき、あっというまに沈《しず》んでしまうだろう。タイタニック号の悲劇を忘れてしまっているものは、一人もいない。沈《しず》むことなどありえないと思われていた巨大《きょだい》な客船タイタニック号が、氷山と衝突《しょうとつ》して沈没《ちんぼつ》してから、

エンデュアランス号の甲板《かんぱん》。両わきに犬小屋が見える

甲板《かんぱん》の下の船室。食事どきにはずいぶん窮屈《きゅうくつ》だ

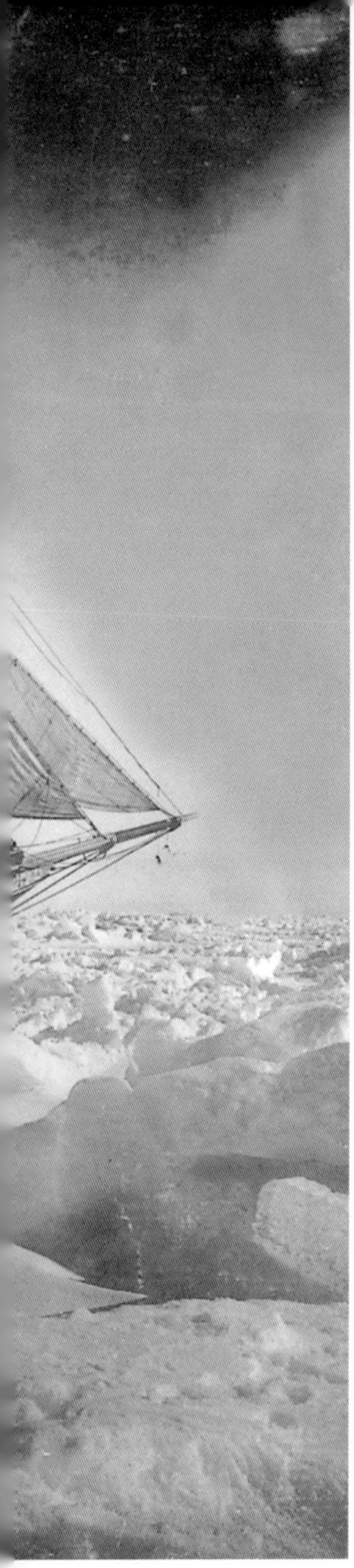

まだ二年しかたっていなかった。

エンデュアランス号は、氷山や流氷が無数にただようなかを、ぬうように慎重《しんちょう》に進んでいった。シャクルトンと船長のワースリーは、不安を表にださないようにした。海面に張った氷が薄《うす》いと見ると、エンデュアランス号は氷を割りながら前に進んだ。

しかし、一月半ば、ついに行く手を巨大《きょだい》な流氷帯にはばまれてしまった。シャクルトンは、風が変わるのを待つことにした。風向きが変われば、海上の氷の動きにも変化が起こることがあるからだ。しかし、一週間たっても変化は起こらない。この間に、重たい流氷が続々とエンデュアランス号をとりかこんでいた。エンジンを動かし、同時に帆《ほ》を張り、風の力を借りても、エンデュアランス号はもはやどの方向にも動けなかった。サウスジョージア島をあとにしてからわずか一か月半にして、エンデュアランス号は南極の氷に、がっちりとつかまえられてしまったのだ。

帆《ほ》を張って氷と格闘《かくとう》するエンデュアランス号

第三章　長く暗い冬

極地方の海で氷に閉じこめられた船は、エンデュアランス号がはじめてではない。北極や南極の探検では、何隻《せき》もの船が氷につかまり、なかには何か月も動けなくなったものもあった。大半は冬の海でのことで、乗組員たちは氷がとける春をじっと待つしかない。その際におそろしいのは、氷の圧力に船がおしつぶされ、航海ができなくなることで、最悪の場合は沈《しず》んでしまうこともありうる。しかし、シャクルトンはエンデュアランス号にそのようなことが起こるだろうとは、考えていなかった。

氷からのがれるための最後の試みがおこなわれたのは二月だった。船をおりた隊員たちに、船のまわりの氷を斧《おの》でくだかせながら、エンジンを最大限まで動かしてみた。しかし、結局うまくいかなかった。くだけた氷は、みるみるうちにまた凍《こお》りついてしまう。

エンデュアランス号の一行は、これからやってくる長い南極の冬を、氷に閉ざされたままますごさなければならないことを覚悟《かくご》した。南極の冬は、北半球の人々が夏を楽しんでいる六月から八月にかけて、最もそのきびしさを増す。

隊員たちはおちこむことなく、長い冬に向けての準備にとりかかった。隊員たちが生活する部屋は、船のなかのすこしでもあたたかい場所に移され、甲板《かんぱん》の上の犬小屋ですごしていた犬たちは、氷の上に雪のブロックを組み立てて作った、イグルーならぬドッグルーに移された。ドッグルーはきびしい吹雪《ふぶき》からも犬たちを守ってくれる。分厚い毛皮に包まれた丈夫《じょうぶ》な犬たちは、新しいすみかがすっかり気に入った。

気温が低くなるにつれて、船のまわりの氷はどんどん固くなっていった。おかげで、人がおりて、すこしぐらいの遠出をすることもできるようになった。氷の上でサッカー大会を開くこともあった。シャクルトンも、きびしい冬に備えて楽しみながら体力づくりにはげむことには大賛成だった。

本格的な冬になれば、南極地方は完全な暗闇《くらやみ》に閉ざされてしまう。南極圏《なんきょくけん》が真夏になる一月ごろには、太陽は二十四時間沈《しず》まないが、その後、昼間の時間はどんどん短くなり、六月の冬のさなかには、一か月あまりにもわたって、太陽は水平線の上に姿を見せなくなる。太陽が姿

犬たちの新しい家、ドッグルー

を見せない日がつづくと、人間にはさまざまなわるい影響《えいきょう》がでることが知られていた。暗闇《くらやみ》に何週間も閉じこめられると、精神を健康に保つことがむずかしくなることもあった。

しかし、隊員たちは、やってくる冬のことをそれほどおそれてはいなかった。春になって氷がとけさえすれば、ふたたび自由になれるのだから。ところが、「たいくつ」というおそろしい敵が待ちかまえていた。シャクルトンも、隊員たちが元気で楽しくやっているかということを、いちばん気にかけていた。そこで、シャクルトンは、みんながおちこまずに毎日をすごせるように、さまざまな楽しい行事を計画した。芝居《しばい》や講演会が何度もおこなわれ、ゲーム大会もさかんに開かれた。いちばん歌がへたくそな隊員を選ぶコンテストもあった。まだ日の光がのこっている間は、太陽とともに北へ移動していくアザラシを追う狩猟隊《しゅりょうたい》も編成された。ナイフと銃《じゅう》を手にした狩猟隊《しゅりょうたい》は大成功をおさめ、冬に備えて、食糧《しょくりょう》のたくわえを大きくふやすことができた。

六月になるころには、太陽が姿をあらわす時間はわずかになった。このわずかな光を利用して、犬ぞりレース大会も開かれた。レースの勝敗には、貴重品のタバコやチョコレートがかけられた。気温は毎日氷点下をはるかに下回ったが、氷上での体力づくりと、ストーブのおかげで、隊員たちはほとんどの時間をあたたかく快適にすごすことができた。しかし、六月の中旬《ちゅうじゅん》

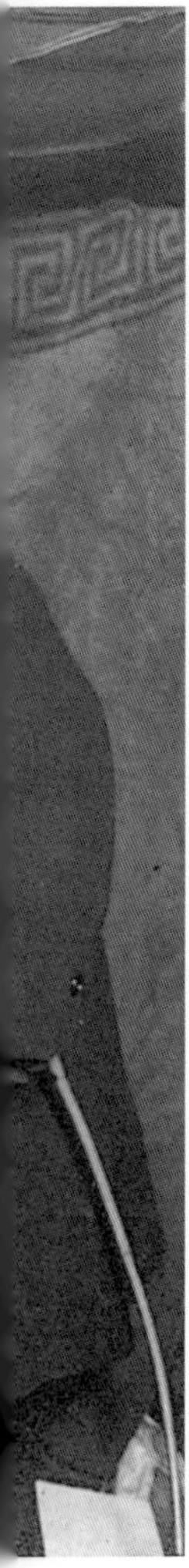

氷上のサッカーはたいくつをまぎらし、体力づくりに役立った

冬至のパーティーでの仮装。シャクルトンの熱弁をからかった演説の物まねをするものもいた。芝居《しばい》のあとには豪華《ごうか》な食事が待っている

に猛烈《もうれつ》なブリザードにおそわれ、エンデュアランス号をとりかこむ氷はさらに固くひきしまった。ある隊員は冗談《じょうだん》まじりに、エンデュアランス号はチョコレートバーのなかのアーモンドのようだといった。

氷のなかに閉じこめられてはいたものの、エンデュアランス号は動いていなかったわけではない。風と海流の動きによって、エンデュアランス号は、氷に閉じこめられたまま、流氷帯ごとゆっくりと流され、なんと二百五十キロ以上も移動していたのだ。

そうやってゆっくり流されていく船の甲板《かんぱん》の下では、シャクルトンをはじめ隊員全員が、九月のおとずれをいまかいまかと待っていた。九月になれば太陽がもどってきて、ふたたび氷から解き放ってくれるにちがいないのだから。

第四章　氷の圧力

待ちに待った九月がやってきても、状況《じょうきょう》はわるくなるばかりだった。エンデュアランス号をとりかこむ氷は、ゆるむどころか、ますます固くなっていった。潮と強い風に流されて、流氷帯はエンデュアランス号を閉じこめたまま、南極大陸に向かって動いていた。ところが、大陸にはばまれた氷は行き場を失って、より集まってひきしまり、エンデュアランス号にかかる圧力はすこしずつふえていったのだ。船のあちこちから、ギシギシというおそろしい音が聞こえ、甲板《かんぱん》は圧力に負けてそりかえりはじめた。

こうなると、船の上でのんびり春のおとずれを待つわけにはいかない。いつ、なにが起こってもいいように、常に神経を張りつめていなくてはならない。あたたかいストーブをかこんで、歌やゲームを楽しむこともできなくなってしまった。隊員たちは、エンデュアランス号におしよせる氷の圧力をひしひしと感じながら、不安な思いで毎日をすごさなければならなかった。

エンデュアランス号は、極地方のきびしい条件にも耐《た》えられるように建造された丈夫《じょうぶ》な船だったが、長い期間、これほどの圧力を受けることまでは、計算にはいっていなかった。

氷はエンデュアランス号をおしつぶすことに決めたかのようだ。強風と強大な氷が、のしかかるように次々とエンデュアランス号におそいかかってきた。それでも、エンデュアランス号は耐《た》えつづけた。そして、十月、とうとう春がやってきた。シャクルトンはほっと一息ついて、ふたたび出航するための準備を指示しはじめた。

じつはシャクルトンは、これほどはげしい氷の圧力を受けてきた船が、ふたたび航海できる可能性は、ほんのわずかしかないことを知っていた。その上でなお、希望をもちつづけることの大切さも十分に知りぬいていた。隊員たちの生死は、希望を失わず、気持ちを前向きに保ちつづけることができるかどうかにかかっている。

心の奥底《おくそこ》でシャクルトンがなによりもおそれていたのは、隊員たちの信頼《しんらい》を失うことだった。ここ数か月というもの、隊員たちは、せまい船のなかで、文字どおり鼻をつきあわせるような生活をしている。しかも、その船はといえば、いまにも氷に負けそうだ。シャクルトンは、隊員たちが絶望感をいだいたり、たがいにいがみあったりすることをなによりもおそれていた。

闇夜《やみよ》に浮《う》かびあがるエンデュアランス号

氷の圧力にかたむくエンデュアランス号。このあと、またまっすぐに起きあがった

右端《みぎはし》は、船上のシャクルトン

その上、万一、隊長である自分への信頼《しんらい》が失われてしまったら、隊員たちを無事につれ帰る望みはなくなってしまう。

シャクルトン自身、どんなにはげしい絶望感を味わっていたことだろう。この南極大陸横断の準備には何年もかかっている。シャクルトンは情熱のすべてをそそいで、探検隊を組織し、国中飛び回って資金を集め、どんな小さなまちがいもないように、計画のひとつひとつを見守ってきた。シャクルトンにとってこの探検は、これまでの経験のすべてをつぎこんだ輝《かがや》かしいものになるはずだった。

しかし、失敗は明らかになった。まだ、南極大陸にたどりつくことさえできないというのに。シャクルトンにとって、これほどつらいことはない。それでも、心のなかの絶望を表にださず、隊員たちの安全と健康を第一に考えて、あいかわらず明るく活発に動き回った。

エンデュアランス号が氷から解放される日に備えて、さまざまな準備をする一方で、シャクルトンはもうひとつの結末にも備えていた。それは、エンデュアランス号が沈《しず》むという結末だ。どのようなことが起ころうとも、ふいうちを食らうのだけは避《さ》けなければならない。隊員たちもシャクルトンの命令に淡々《たんたん》としたがった。氷の状態が変われば、いつでも氷の上に運びおろせるように、大事な食糧《しょくりょう》や道具などを甲板《かんぱん》の上に移しかえていった。

エンデュアランス号のまわりにはさまざまな形の氷があった。手前に見えるのは「綿氷」とよばれた氷の花

すべての準備は整っていた。隊員たち一人ひとりも、そのときがきたら自分がはたすべき役割を頭にたたきこんでいた。そして、十月二十四日、とうとう氷が船の横腹に穴をあけ、冷たいウェッデル海の水が船内へと流れこみはじめたとき、隊員たちはすぐさま、それぞれの行動を開始した。

全員で、最後の最後まで力をふりしぼって戦った。手のあいているものはみんな、あるものはポンプで、あるものは手おけで、休むことなく水をかいだしつづけた。しかし、水が流れこむ量は、くみだす量を上回っていた。いったん船内に流れこんだ水は、たちまち凍《こお》りはじめ、船の重さを増す。エンデュアランス号は、そのような重みに耐《た》えられるようには設計されていない。

じきに乗組員たちの頭の上で、太い木の梁《はり》が、大きな音とともに、まるでマッチ棒のように折れた。エンデュアランス号に最後のときがやってきたのだ。

水が流れこみはじめてから四日目、シャクルトンは、ついに、全員に船をはなれるよう命令をくだした。全員が力を使いはたし、疲《つか》れきっていた。船をおりた男たちは、ただぼうぜんと立ちすくみ、自分たちの家であり、故郷へとつながるたったひとつのたのみの綱《つな》、エンデュアランス号が、目の前でくずれおちていくようすを見守るばかりだった。

第五章　生きのこりへの計画

シャクルトンは日記のなかで、ウェッデル海のことを「世界でも最悪の海だ」と書いている。しかし、隊員たちの前ではけっしてそんな弱音をはかなかった。自信に満ちあふれ、まるで自分たちが、文明世界から何千キロもはなれた南極大陸沖《おき》の、氷の上にいることなど忘れてでもいるかのようにふるまった。

シャクルトンがテントの設営や食料品や道具類の管理について、細かな指示をあたえるのを聞いていると、隊員たちは、助かる見込《みこ》みがほとんどないということも忘れた。現実には、無線も届かず、連絡《れんらく》がとだえてからすでに何か月もすぎていたのだが。それでもなお、シャクルトンは、自信たっぷりに計画を語り、隊員たちもその計画に熱心に耳をかたむけた。

南極で予測しない事故に見舞《みま》われた探検隊は、これがはじめてではない。じつはシャクルトン自身、いつか遭難《そうなん》するかもしれない探検隊のために、補給基地を設営する仕事を手伝ったことがあった。食糧《しょくりょう》や燃料、衣類などがたくわえられたその補給基地は、現在地から五百六十キロほどはなれたポーレ島にある。その補給基地にたどりつき、補給品を手に入れることができれば、大きな助けとなることはまちがいない。

シャクルトンは氷の上を徒歩でわたり、補給基地をめざすという計画を説明した。犬たちの助けを借りて、救命ボートと、荷物を積んだそりもひいていく。そして、氷のない開けた海にたどりついたら、そこから救命ボートにのりこみ、オールと帆《ほ》を利用してポーレ島まで航海すればいい、と。

何か月もの間、たいくつで動きのない時間をすごし、そのあと、船を救うために猛烈《もうれつ》に働いた隊員たちは、ふたたび自分たちの気持ちを集中できる新しい計画を耳にして、むしろほっとした。すぐにそれぞれが自分のひく荷物の分担を決め、犬ぞりのチームの準備がはじまった。

しかし、一方で、シャクルトンは悲しい決断をくださなければならなかった。まず、訓練を受けていない若い犬や、弱っていてそりをひく助けにはならない犬を銃《じゅう》で殺すことにした。また、船に住みついていた猫《ねこ》のチッピーも殺された。つらい決断だったが、荷物を運ぶ役に立たない動物に、貴重な食べ物を分けあたえる余裕《よゆう》はない。犬たちは、なかまの犬たちに気づかれないよう、遠くですばやく殺された。

そのあと、二、三か月の間に、結局、のこりの犬たちもすべて殺されることになる。隊員たちと犬たちは長い航海をともにして、固いきずなで結ばれていた。それだけに、犬たちを失うことは、隊員たちが耐《た》えなければならない苦しみのなかで最も大きなものだった。

いよいよ明日は、ポーレ島に向けて出発という夜、四人から八人に分かれてテントを張り、寝袋《ねぶくろ》にもぐりこんだ隊員たちは、なんとかぐっすり眠《ねむ》ろうとした。無惨《むざん》な姿をさらすエンデュアランス号の黒々としたシルエットが、隊員たちの眠《ねむ》るテントにおおいかぶさっていた。船をとりまく氷の間からは、まるで、沈《しず》んでいく英雄《えいゆう》に敬意をはらってでもいるように、クジラが何度も水面に顔をだしていた。

次の日、隊員たちは希望を胸に出発した。しかし、その希望はすぐに打ちくだかれてしまった。ごつごつした氷がどこまでもつづき、犬たちの助けを借りても、救命ボートとそりをひいてゆくことはできそうになかった。太陽が高くのぼるにつれて、氷の上をおおう雪がとけ、冷たい泥沼《どろぬま》のようになり、人も犬も足をとられて、まともに歩くこともできなくなった。目の前には何度も大きな氷の壁《かべ》が立ちふさがった。壁《かべ》をのりこえることなどできないので、そのたびに壁《かべ》に沿って遠回りしなければならない。その日一日、全員が疲《つか》れきるまで歩きつづけたが、

エンデュアランス号から資材を回収する隊員たち

救命ボートをひく隊員。重い上に氷の上にはさまざまな障害物があって、たいへんな作業だ

氷のようすを調べるシャクルトン（右）と、副隊長フランク・ワイルド

結局、ポーレ島には一キロ半しか近づくことはできなかった。この調子でいけば、ポーレ島にたどりつくには一年もかかってしまう。もちろん、それほどの食糧《しょくりょう》の余裕《よゆう》などあるはずもない。

しかたなく、シャクルトンは隊員たちに計画の変更《へんこう》を告げた。島へ向けて徒歩で進むことはあきらめなければならない。次に考えられるいちばんの方法は、割れたり、ひっくりかえったりする心配のない、大きくてがんじょうな氷盤《ひょうばん》を見つけて、そこにキャンプを設営し、海流に運んでもらうという方法だった。何週間、もしくは何か月かかるかわからないが、氷がいずれ、陸地の近くまで運んでくれるはずだ、とシャクルトンは語った。

隊員たちはそれを聞いてがっかりした。しかし、歩いて氷の上を進むことが無理なのも確かだった。シャクルトンは、さっそくキャンプに適した氷盤《ひょうばん》を見つけて移動した。それは平坦《へいたん》な二キロ四方ほどの大きさの氷盤《ひょうばん》だった。白い氷の砂漠《さばく》のなかでは、その氷盤《ひょうばん》もほんの小さなシミのようなものにすぎない。もちろん、自分たちのほかには命のかけらもない。しかし、そこがこれからは家となるのだ。そのキャンプ地には、オーシャン・キャンプ（海のキャンプ）という名前がつけられた。

第六章　さらば、エンデュアランス号

ただちにテントが設営され、犬たちのねぐらも作られた。キッチンもでき、隊員の一人はエンデュアランス号から運んできた鉄板を組み合わせて、大きなコンロを作った。テントは氷の上にじかに張られたため、寝袋《ねぶくろ》にもぐっても、夜の寒さは骨にしみとおるようだった。おまけに、テントへの出入りのたびに、どうしても雪や氷がはいってしまうため、寝袋《ねぶくろ》をかわいたままにしておくことはできなかった。

オーシャン・キャンプから二キロほどのところには、エンデュアランス号の残骸《ざんがい》がはっきりと見えていた。隊員たちは、毎日、何度もエンデュアランス号に足を運び、のこっていた物資をもちだした。こわれて水びたしにはなっていたが、エンデュアランス号はまだ完全に沈《しず》んだわけではない。おかげで、運びだせずにいた物資や個人の持ち物、食糧《しょくりょう》などを回収することができた。

甲板《かんぱん》の下までおりて荷物を運びだすには、腰《こし》まで水につからなければならないし、危険でもあった。船はいつ氷の下に沈《しず》んでしまっても不思議ではない。しかし、おかげで、野菜や燃料、衣類などを運びだせたことを考えれば、それだけの危険をおかす価値はあった。そのなかには、隊員たちの日記もあった。隊員たちはそのほとんどが、旅の間、日記をつけていた。日記はそれぞれの隊員に、水底に沈《しず》まずにすんだ本とならんで、貴重なぐさめをあたえてくれることになった。


歴史的な点からいえば、エンデュアランス号から運びだされたもののなかで最も重要だったのは、船の専属写真家フランク・ハーレーが撮影《さつえい》した写真のネガだろう。この当時、人が踏《ふ》みこんだことのない土地への探検には、旅を記録する画家や写真家が同行することが多かった。科学的、歴史的な記録としての価値があるのはもちろん、絵や写真が、探検が終わったあとに大きな利益をもたらすという点も見のがせない。写真は新聞社や出版社に買ってもらえるし、スライドに仕立てて、探検隊員による講演会にも使われた。テレビがなかったこの時代、神秘的な未知の世界にふれる機会として、こうした講演会はとても人気を集めていた。

最初にエンデュアランス号をおりたときには、ガラスの板に焼きつけられた写真のネガを運

オーシャン・キャンプ

びだす余裕《よゆう》はなかった。しかし、時間ができたおかげで、ハーレーはネガをとりもどすことができた。船の横腹にあけた穴から船内にもぐりこんだ隊員二人が、ハーレーの船室でしっかりと梱包《こんぽう》されたネガの箱を見つけて、ひっぱりあげてきた。

しかし、それらのネガも、のちにはハーレーとシャクルトンとで全部に目を通し、ごくわずかな枚数だけを手元にのこすことになった。あとのネガは、こなごなにくだいて雪のなかにおきざりにされた。そうでもしなければ、未練をのこしたハーレーが無理をして運ぼうとするかもしれなかったからだ。ハーレーはその後も写真を撮《と》りつづけた。これらの写真は現在もなお、この探検隊の貴重な体験を生き生きと語ってくれる。

食糧《しょくりょう》は二十八人の男たちの三か月分まで回復した。それでも、十分な量とはいえない。そこで、シャクルトンは毎日狩猟隊《しゅりょうたい》を送りだして、できるだけ多くのアザラシとペンギンをとってくるよう命じた。男たちの武器は銃《じゅう》とこん棒、ナイフと斧《おの》だった。隊員たちにとって、アザラシはとても役に立つ生き物で、肉が食用になるのはもちろんのこと、分厚い脂肪《しぼう》は燃料にもなった。キャンプでの料理用燃料のほとんどは、アザラシの脂肪《しぼう》でまかなわれた。アザラシのステーキやペンギンのシチューは、それほどおいしいものではなかったが、隊員はじきになれてしまった。

エンデュアランス号からひきはがしてきた木材を使って、遠くを監視《かんし》するための物見台も作られ、当番を決めて監視《かんし》をつづけることにした。通りかかる船を見つける希望はなかったが、氷の状態を観察したり、遠くにいるアザラシやペンギンを見つける役には立った。それに、なにかやらなければならない任務をあたえてくれるだけで、物見台には重要な役割があったといえる。

隊員たちにとっていちばんつらいのは、なにもすることがないということだった。その上、動き回ることのできる場所はせまい。おなじ顔ぶれ、おなじ歌、おなじトランプゲームのくりかえしの単調さは、耐《た》えられないほどになっていった。

なんとかして隊員たちの気分をもりたてたいと願っていたシャクルトンは、気象学者レナード・ハッセーのバンジョーを、エンデュアランス号にとりにいかせた。しかし、隊員たちはじきに、ハッセーのかきならす単調な調べにうんざりしてしまった。

いつのまにか日はすぎていったが、十一月二十一日の夜は、隊員たちにとって忘れることのできないものとなった。ほとんど全員が寝袋《ねぶくろ》にもぐりこんだころ、隊員たちは、シャクルトンの大声を聞いた。あわててテントからはいだすと、偉大《いだい》なるエンデュアランス号の舳先《へさき》が、氷の下へと沈《しず》んでいくのが見えた。やがて、船は完全に水中へと消えてしまった。こうして、隊

オーシャン・キャンプの物見台の前に立つシャクルトン（右）、ワイルド（中央）。
ワイルドの左は船長のワースリーと思われる

ワイルドとエンデュアランス号の残骸《ざんがい》。この後まもなくして、船は完全に沈《しず》んでしまう

員たちは、ついに氷の上におきざりにされてしまったのだ。

船が沈《しず》んだときの重苦しい気持ちを、シャクルトンは日記のなかで次のように書いている。

「そのことについては、なにも書くことができない」

第七章　オーシャン・キャンプでの生活

いまや、オーシャン・キャンプでの目的は、流氷帯が割れて氷がゆるむのをひたすら待つことだけになった。毎日、何人かが組になって獲物《えもの》を探し、海が開けたところがないかを調べるための小旅行にでた。しかし、この短い旅行にも大きな危険がともなった。氷盤《ひょうばん》はたがいにぶつかりあい、重なりあっていた。氷のあちこちには落とし穴が待ちかまえていて、冷たい水のなかにおちてずぶぬれになることもしばしばだった。

シャクルトンはすこしでも危険なことは避《さ》けたいと考えていたが、猟《りょう》や偵察《ていさつ》のための小旅行をやめるわけにはいかない。氷の動きは予測がつかず、とつぜん潮の流れや風の方向が変わって、脱出《だっしゅつ》するのに十分な開けた海があらわれるかもしれないからだ。海の上のルートは、あらわれたときとおなじようにとつぜん消えてしまうため、シャクルトンは隊員たちに、いつでも

オーシャン・キャンプのシャクルトン（左端《ひだりはし》）と隊員たち

動きだせるよう準備させておいた。ルートが見つかりしだい、すぐさまテントをたたみ、荷物をまとめ、救命ボートに積みこまなければならない。しかし、一日二日と日がたち、それはいつのまにか一週間になり、一か月がすぎても、その瞬間《しゅんかん》はやってこなかった。

ひたすら待つ、という新しい毎日には、みんな、なかなかなじめなかったが、生活に必要だと思っていたたくさんのものからひきはなされてみて、はじめて大切さに気づくものもあった。いちばん大切なのは、狩《か》りをすること、健康を保つこと、道具をきちんと整備すること、そして、隊員どうしなかよくやることだった。

隊員たちが不満をもたず、明るく、けんかをせずにすごすことがなによりも大切だということは、みんなよくわかっていた。たった一人でも怒《いか》りや不満をいだくものがあらわれると、隊全体におそろしい危険をもたらすことになる。箱のなかの一個の腐《くさ》ったリンゴが、たちまち箱全体を腐《くさ》らせてしまうように、わるい感情はあっというまに全体に広がってしまうからだ。

シャクルトンはまわりからは気づかれないように、隊全体にいつも目を光らせていた。メンバーのテント割りも適当に割りふったように見せかけていたが、じつは考えぬいて決めたことだった。問題になるほど反抗的《はんこうてき》な人間はいなかったものの、ほかのメンバーよりもがまんが苦手なものが何人かいた。シャクルトンはそうした隊員を、自分とおなじテントに割りふった。

シャクルトンの強い影響《えいきょう》を受けると、ふさぎこんでいた隊員も明るさをとりもどした。

探検隊にはさまざまな立場の人間がいた。船長をはじめとする高級船員、経験豊富な船乗り、科学者や冒険家《ぼうけんか》たちなどだ。シャクルトンはこの隊全体のリーダーだったが、エンデュアランス号の運航に責任をもっていたのは船長フランク・ワースリーだった。

ニュージーランド生まれのワースリーは、十代の半ばから海の上で暮らしてきた。優秀《ゆうしゅう》な船長であると同時に、きわめてすぐれた航海士だ。つまり、船の位置を見きわめ、進むべき方向を正しく見定めるすばらしい能力をもっていた。シャクルトンの探検隊がおかれている状況《じょうきょう》を考えると、優秀《ゆうしゅう》な航海士がいるかいないかは、隊全体の生死を左右する。ワースリーのもっている専門技術はもちろんだが、快活で勇気にあふれ、信頼《しんらい》のおける性格も、シャクルトンから高く評価されていた。

副隊長フランク・ワイルド

シャクルトンが大きな信頼《しんらい》をおいたもう一人の人物は、探検隊の副隊長フランク・ワイルドだった。二人は一九〇一年のス

写真家フランク・ハーレー

コットの南極探検隊でであい、親友になった。その後のシャクルトンの南極大陸での探検に、ワイルドはいつも参加した。大柄《おおがら》ではなかったが、強い体力と不屈《ふくつ》の精神の持ち主で、どれほど寒かろうが、状況《じょうきょう》がきびしかろうが、まるで平気でいつも楽しそうにしていた。ワイルドには、遠すぎる土地も危険すぎる冒険《ぼうけん》もなかった。知的で、明るく、エネルギッシュで、欠点といえば勇敢《ゆうかん》すぎることぐらいのワイルドは、まさにシャクルトンにそっくりな人物だった。

　フランク・ハーレーはオーストラリア生まれの写真家で、この探検の記録を写真におさめる役目を負っていた。ほかの多くのメンバーたちとおなじように、ハーレーもまた、未知の世界への冒険《ぼうけん》のためには危険をいとわなかった。大きな波にゆられる船のマストのてっぺんで、細い帆桁《ほげた》に足をからませ、大型のカメラをかまえるハーレーの姿を目にすることもめずらしくはなかった。ハーレーはまた、発明家としても優秀《ゆうしゅう》で、調理道具やポンプをはじめ、こまごまとした発明品を、こわれた船からとってきたありあわせの木材や金属を組み合わせて作りあげた。

パース・ブラックボロは、ウェールズ生まれの十九歳《さい》の船乗りで、どうしてもシャクルトンの探検隊に参加したくて熱心に自分を売りこんだ。しかし、隊員になれなかったブラックボロはあきらめきれず、エンデュアランス号が船出する前になかにもぐりこみ、ロッカーにかくれていた。出航してから数日後、この密航者はとうとう見つかった。シャクルトンは、ブラックボロに向かって雷《かみなり》のようにどなり声をあげた。ブラックボロはおそろしさにガタガタふるえた。しかし、シャクルトンがいったことばを聞いて、ブラックボロは、このユーモアあふれる隊長は、怒《おこ》っているふりをしているだけで、じつはおもしろがっているのだということに気づいた。

シャクルトンは「この先、もし食糧《しょくりょう》が足りなくなったら、おまえから食ってやる。それでもいいか?」といったのだった。

ブラックボロはコック見習いの仕事をあたえられた。不運なエンデュアランス号にもぐりこみ、のちには後悔《こうかい》するような目にあっても、このいちばん年下の隊員は、けっして弱音をはくことはなかった。

船大工のハリー・マクニーシュは五十六歳《さい》で、隊員中いちばんの年長者だった。木材のあつかいにかけてはすぐれた腕前《うでまえ》をもっており、救命ボートの補修、そりの修理、キャンプ地でのキッチンや倉庫の設営などの点で、シャクルトンは大きな信頼《しんらい》をよせていた。大工の腕前《うでまえ》は一流だったが、マクニーシュには社会性に欠けるところがあった。人づきあいがわるく、不平をこぼすことも多かったので、もめごとの種になりはしないかと、シャクルトンが日ごろから注意深く観察している隊員の一人だった。

こうしたさまざまな顔ぶれの隊員たちは、運動をしたり、ゲームをしたりして日々をすごした。ある日、シャクルトンはビンにメッセージを入れて海に流した。エンデュアランス号になにが起こったかを書き記し、全員が無事であることを書いた。しかし、このメッセージがだれかの目にふれることはなかった。いまでもどこかの海をただよっているのか、氷のなかに埋《う》もれてしまったのか……。

食生活についていえば、狩《か》りでつかまえた獲物《えもの》とエンデュアランス号からひきあげた食糧《しょくりょう》のおかげで、隊員全員が満足できるだけの量はあった。主食となったアザラシとペンギンに加えて、紅茶や粉ミルク、ココアなどの熱い飲み物や、乾燥《かんそう》野菜、ビスケットやパン、それに肉に野菜を加えてごった煮《に》にしたシチューもある。食事は、すべてコックのチャールズ・グリーンが用意した。グリーンはどれほどの悪天候のなかでも、あたたかい食事を提供するために休みなく働いた。天候がくずれると、料理をするのはかんたんなことではない。あるときなどはコンロがこわれて、貴重なシチューが、炭火のなかにぶちまけられてしまったこともあった。それでもシチューをあきらめられなかった何人かの隊員は、炭が冷えると、トウモロコシでもしゃぶるように、炭についたシチューをしゃぶった。グリーンは、やがてこうした条件にもなれ、最悪のブリザードのなかでも二十八人分の食事を用意できるようになった。

ワースリーの計測によると、十二月になった時点で、エンデュアランス号をはなれてから、すでに百六十キロほども目的地に近づいたということだった。吹《ふ》き荒《あ》れるブリザードに耐《た》えるのはつらかったが、氷盤《ひょうばん》をあとおししてくれるという点では歓迎《かんげい》された。実際、嵐《あらし》がくるたびに、確実に何キロかずつ陸に近づいていた。しかし、被害《ひがい》もまた大きかった。何度もはげしい風と雪におそわれるうちに、オーシャン・キャンプをのせた氷盤《ひょうばん》はいためつけられ、はじめはがんじょうに見えた氷もすこしずつ小さくなり、危険なきざしもでてきたのだ。

十二月の終わりごろ、大事にとっておいたソーセージやハム、ベークトビーンズやモモの缶《かん》詰《づめ》などを使った小さな宴会《えんかい》を開いたのち、シャクルトンは、そりに荷物を積みこむよう命じた。オーシャン・キャンプをのせた氷盤《ひょうばん》は、足下でくずれはじめ、もはや安全とはいえなかった。シャクルトンはみんなに告げた。ついに、新たな行動を起こすときがきた、と。

第八章　ペーシャンス・キャンプ

シャクルトンとワイルドは、数日の間、夕方になると偵察《ていさつ》にでて、最も安全な道に目印の旗を立てておいた。夏をむかえて、日中は氷の上に積もった雪がとけて重たくなるため、隊は短い夜の間に前進して、昼間は眠《ねむ》ることにした。とてつもなくつらい作業だったが、オーシャン・キャンプで八週間あまり動くことをしていなかった隊員たちは、体を動かすことがうれしくて生き生きと行動した。

ところが、動きはじめてほんの二、三日で、またもや前回とおなじ問題につきあたった。行く手には、とてものりこえることのできない巨大《きょだい》な氷の山や壁《かべ》が何回も立ちはだかった。夜になっても氷の上の雪はやわらかいままで、そりはもちろん、人も犬も雪にもぐってしまう。また、はげしい運動のため、オーシャン・キャンプにいたときよりもたくさんの食事が必要に

氷の物見台からルートを探る

なった。調べてみると、このままでは、ポーレ島にたどりつくまでに食糧《しょくりょう》がつきてしまうことがわかった。一週間かけて進んだ距離《きょり》は、わずか十キロほどにすぎなかった。

これ以上の前進が無理なことは、だれの目にも明らかだったが、かといって不安定な氷盤《ひょうばん》の状態を考えれば、オーシャン・キャンプにもどることもできない。またしても、一行は氷に封《ふう》じこめられてしまったのだ。

シャクルトンは目の届く範囲《はんい》でいちばん大きく、いちばん安定していそうな氷盤《ひょうばん》を見つけだし、がっかりする隊員たちに、そりから荷をおろしテントを張るように命じた。行進はあきらめるしかない。あとは日差しや風の条件が整って、海面にボートをこぎだせる開けた水路があらわれるのを待つほかなかった。最後までのこっていた犬たちも、ここで殺されることになる。この、氷の上の二度目のキャンプ地は、最もふさわしい名前でよばれるようになった。ペーシャンス・キャンプ（忍耐《にんたい》のキャンプ）という名前だった。

食糧《しょくりょう》のたくわえはすこしずつへっていった。新鮮《しんせん》な肉を手に入れようと、キャンプでは狩《か》りがさかんにおこなわれた。新鮮《しんせん》な肉は、貴重なたんぱく源であるだけではない。乾燥《かんそう》食品やシチューには欠けている栄養分がふくまれている。肉は船乗りや探検家にとって最もおそろしい病気、壊血病《かいけつびょう》をふせいでくれるのだ。壊血病《かいけつびょう》とは、出血が止まらなくなったり、歯がぬけたり

アザラシの皮をなめすハーレーとシャクルトン。中央に見えるのは
エンデュアランス号の残《ざん》骸《がい》から作られたコンロ

食事の準備

ペーシャンス・キャンプのキッチン

することにはじまって、最後には肉体も精神もぼろぼろになってしまう病気だ。必要な治療《ちりょう》をほどこさなければ、そのまま死をむかえることになる。壊血病《かいけつびょう》の原因はいまでこそよく知られているが、シャクルトンの時代には、血液の病気であるという以外、くわしいことはわかっていなかった。

壊血病《かいけつびょう》はビタミンCの不足によって起こる。ビタミンCは新鮮《しんせん》な果物や野菜からとることができるが、ある種の肉にも豊富にふくまれている。エンデュアランス号の隊員たちも、新鮮《しんせん》なアザラシやペンギンの肉を手に入れることができなければ、ペーシャンス・キャンプにたどりつく以前に、壊血病《かいけつびょう》で全滅《ぜんめつ》していたかもしれない。

食糧《しょくりょう》のたくわえは急速にへっていったが、シャクルトンはしばしば、思いがけない食べ物をふるまって隊員たちをよろこばせた。たとえば朝食に、ほんのすこしタマネギのフライをそえるといったぐあいだ。何か月にもわたる探検のなかで、隊員たちは、シャクルトンがただの一度も、探検隊長の立場を利用して、自分だけが特別あつかいを受けようとしたことがないことに気づいていた。食事の量は、下級の船乗りたちとまったくおなじだったし、仕事の量も、夜の監視《かんし》の当番もまったくおなじか、むしろたくさん受けもった。テントも隊員とおなじものをいっしょに使った。必要としているものには自分のいちばんいいブーツをゆずったし、海で手袋をなくしたものには自分のものを分けあたえた。こうしたわけへだてのない態度があってこそ、隊員たちから、心の底からの尊敬と忠誠を得ることができたのだろう。隊員たちは、もしものときにはこの隊長が、自分たちのために命を投げだすことさえいとわないだろうと感じていた。だからこそ、隊員たちもいつも最大限の努力をおしまなかったのだ。

隊員たちはみんな、シャクルトンがこれまでひきいたどの探検でも、たった一人の死者もだしていないことを知っていた。シャクルトンについていきさえすれば、自分たちも助かるはずだと信じることで、食糧《しょくりょう》がへりつづけても、希望を失わずにいられた。

いつのまにか三月になっていた。ペーシャンス・キャンプには、一月一日からとどまっている。一行は、ボートをだせる開けた海にでる前に、流氷帯とともに陸地を通りすぎて流されてしまわないよう祈《いの》るしかなかった。南極大陸からは、長い腕《うで》のような半島がつきでている。現在では南極半島とよばれているこの半島の先には、いくつかの島々が散らばっていて、その先には海以外のなにもない。流氷帯がいったん南極半島や島々を通りこしてしまったら、強い風と潮の流れにさからって、小さな救命ボートで陸地にこぎもどることはできない。

ワースリー船長は、ひっきりなしに測量をおこなって、自分たちの位置と、近づく可能性のある陸地がどこなのかを確認しつづけた。この時点でのワースリーの観測によれば、このままいけばポーレ島を通りこしてしまうことは確実だった。島にたくわえられている食糧《しょくりょう》や物資を手に入れる希望はなくなってしまった。

隊員たちはたいくつと不安の入りまじった不思議な気持ちにとりつかれていた。できることといえば、ただ待つことだけなのはよくわかっていた。そして、流氷帯が陸地の向こうの開けた海に流されてしまったら、ペーシャンス・キャンプのある氷盤《ひょうばん》はたちまち波でこなごなにされてしまうこともわかっていた。隊員たちにはほとんど気づかれていなかったが、シャクルトンの不安は大きくなるばかりだった。シャクルトンはおそろしい事故がふりかかる悪夢にしばしばうなされ、おなじテントに眠《ねむ》っていたハーレーが、その声で起こされることもしょっちゅうだった。

三月の終わりごろ、一行はついに陸地を目にした。しかし、ペーシャンス・キャンプのまわりの氷の状態では、歩いてわたることは無理だし、ボートを浮《う》かべることもできない。もしかしたら、陸地を目にするのはこれが最後かもしれないと不安に思いながら、みんなはなにもできないまま、遠ざかっていく島影《しまかげ》をただぼうぜんと見つめつづけた。

船長の計算では、南極半島の先端《せんたん》を通りこしたところだった。のこる希望は、現在氷盤《ひょうばん》が流されている方向にある、エレファント島かクレアランス島に上陸することだけだ。もし、どちらにもたどりつくことができなければ、荒《あ》れくるう大海のまんなかへ放りだされて、生きて帰る望みはなくなってしまう。

四月のはじめ、キャンプは緊張《きんちょう》に包まれはじめた。ペーシャンス・キャンプのある氷盤《ひょうばん》が、ひっきりなしにくずれるようになり、一・五キロメートルほどあった直径が、二百メートルほどにまで小さくなったのだ。氷が小さくなればなるほど、ゆれもはげしくなってきた。ゆれが大きくなれば、氷盤《ひょうばん》のくずれ方もさらにはげしくなる。隊員たちは新しいさけ目ができないか、一日中氷の状態を監視《かんし》しなければならなくなった。大きくて安定していたペーシャンス・キャンプの氷盤《ひょうばん》は、いまでは小さな弱々しい氷にすぎなかった。

四月九日、氷はキャンプの真下でまっぷたつに割れた。シャクルトンはこれ以上ぐずぐずしていることはできないと判断した。氷盤《ひょうばん》のそばには、わずかながら細く開いた海面が見えた。とても安全とはいえないような水路だったが、ペーシャンス・キャンプにこのままとどまって、冷たい海のなかへ放りだされてしまうよりはましに思われた。

クレアランス島とエレファント島は、ワースリーの計算では百キロほど先にあるはずだ。シャクルトンは隊員に、テントをかたづけ、荷づくりするように命じた。ここからは、三隻《せき》の救命ボートを水面に浮《う》かべて、島めがけてこぎだすのだ。

第九章　「最悪の海」との戦い

ボートにのりこんで、まもなくのことだった。隊員たちは汽車が近づいてくるような不気味な音を耳にした。音のする方に目を向けたとき、だれもが自分の目を疑った。無数の氷のかけらを浮《う》かべた山のような波が、小さな三隻《せき》のボートめがけて、おおいかぶさるようにせまっていたのだ。異常な海流で生じた波が、まるで、サイの群れがおしよせてくるような勢いでおそいかかってくる。シャクルトンの緊迫《きんぱく》した大声の命令にしたがって、隊員たちは全力でオールをこいだ。三隻《せき》のボートは波の通り道の真正面にあり、助かる方法はただひとつ、波よりも速く進むことだけだった。

十五分ほどの間、波はボートを追いかけつづけた。そして、あらわれたときとおなじように、とつぜん、静かに立ち去った。まるで、怪物《かいぶつ》があきらめて海の底にもどっていったかのように。

シャクルトンたちは氷の波と競争して勝ったのだ。

しかし、氷の波は、海の上で立ち向かうおそろしい障害のほんのひとつにすぎない。この極寒のウェッデル海で生きぬくことのできる動物はわずかしかいなかったが、凶暴《きょうぼう》なシャチにとっては、この海は自分の庭のようなものだった。最大で全長十メートル、重さ八トンにもなるシャチは、ナイフのような鋭《するど》い歯をずらりとならべた、攻撃的《こうげきてき》な海の肉食獣《にくしょくじゅう》だ。三隻《せき》のボートのまわりでも、六、七メートルはありそうなシャチが、しょっちゅう海面に頭をつきだした。シャチが呼吸のために海面にあがってくるときに、もし、ボートをひっかけるようなことでもあれば、ボートはかんたんに転覆《てんぷく》して、乗組員はおぼれるか、シャチに食べられるかしてしまうだろう。

隊員たちをおびやかすもうひとつの敵は、あちこちに浮《う》かんでいる大きな氷のかたまりだった。流氷帯から完全にぬけだすまでは、ボートが氷にぶつかって沈《しず》んだり、氷にはさまれてつぶされたりする危険はいつでもあった。氷を避《さ》けながら進まなければならないので、航路を決めることはむずかしかった。その上、わずかなミスがあっても、目的地の島を完全に見失うおそれがある。ワースリー船長の計測は、はかりしれないほど重要なものになった。ワースリーがダッドリー・ドッカー号を、シャクルトンがジェームズ・ケアード号を、そして航海長のヒューバート・ハドソンがスタンコーム・ウィルズ号をそれぞれ指揮しながら、三隻《せき》はよりそうように進んでいった。

夜のおとずれは早い。この時期、一日の十七時間は闇夜《やみよ》となる。その日の夜は氷盤《ひょうばん》の上でキャンプをし、朝になったら島めがけてふたたびボートを進めることに決めた。

アザラシの肉でかんたんな夕食をすませると、みんなはそれぞれのテントに向かった。疲《つか》れきっていたシャクルトンも、寝袋《ねぶくろ》のなかにもぐりこんだが、なにかいやな胸さわぎにとらわれて、夜中に目を覚ました。シャクルトンはテントからぬけだし、監視役《かんしやく》の隊員に注意深く見張るよう伝えるために、氷の上を歩きだした。

隊員たちのテントの横を通りかかったシャクルトンは、ひとつのテントの真下にひびがはいって、氷がまっぷたつに割れはじめているのに気づいて真っ青になった。シャクルトンの大声に、テントのなかの隊員は寝《ね》ぼけながらもあわてて外に飛びだしてきた。しかし、一人だけはまにあわずに、口をあけた暗く冷たい海におちてしまった。シャクルトンはあわててかけよると、水のなかに手をつっこんで、必死で海におちたテントのなかを探った。すぐにシャクルトンは、体中の力をこめて、寝袋《ねぶくろ》にはいったままの隊員をひっぱりあげた。ひきあげられた隊員がガタガタとふるえているすぐ目の前で、ふたつに割れていた氷盤《ひょうばん》はおそろしい音とともに、ふたたびぶつかりあってくっついた。

恐怖《きょうふ》ですっかり目を覚ました隊員たちは、すぐさま点呼をとって全員の無事を確認し、ひびのはいった氷盤《ひょうばん》の、大きくてより安全な部分に荷物を移しにかかった。全員の機敏《きびん》な動きで、荷物はまもなくすべて安全な方の氷盤《ひょうばん》に移された。ところが、最後まで小さい方の氷盤《ひょうばん》にいたシャクルトンが、大きな氷盤《ひょうばん》に移ろうとした瞬間《しゅんかん》、氷ははなればなれになってしまった。シャクルトンをのせた氷盤《ひょうばん》は、みるみる暗い闇《やみ》のなかへと消えていく。隊員たちはあわててボートに飛びのり、シャクルトンの声だけをたよりにこぎ進み、ようやく暗闇《くらやみ》のなかでシャクルトンを見つけだし、無事つれもどすことができた。

その夜、もはや一睡《いっすい》もできなかった隊員たちは、水平線のかなたがわずかに明るくなると、すぐにボートにのりこみ、こぎはじめた。南極地方の荒《あ》れた海が、行く手をはばんだ。三隻《せき》の小さなボートは、どんどん大きくなる波のうねりにもまれて、なかなか前に進めない。ふたたび夜が近づいたとき、前夜のできごとを思いかえしたシャクルトンは、隊員たちに氷の上で休む指示をだすべきかどうかまよっていた。しかし、はげしい風とたたきつけるような波のなかをただよいつづけることも非常に危険だ。結局シャクルトンは、氷盤《ひょうばん》にもどるのではなく、幅《はば》三十メートル、高さ六、七メートルはありそうな大きな氷山にのぼることにした。固くて、安定しているように思われる氷山の上で、夜をすごし、海の荒《あ》れがおさまるのを待つつもりだったのだ。しかし、荒《あ》れはひどくなる一方だった。

疲《つか》れはてた男たちは、この氷の山の上で、なんとかわずかな休息をとった。しかし、朝をむかえた隊員たちは、おそろしいほど大きくなった波のうねりを見てぼうぜんとした。自分たちがのっている氷山にも、大きなトラックほどの氷のかたまりが、波にもちあげられてぶつかってくる。そのたびに氷山には新たなひびがはいり、すこしずつくだけては波にのみこまれていった。

またしても、これまでさんざん苦しめられてきた光景が広がりはじめた。うねりによってたくさんの流氷がよせ集められて、氷山のまわりをかこみはじめたのだ。流氷帯の氷は、上を歩くには小さすぎ、ボート

最近になって撮影《さつえい》されたウェッデル海のようす。この写真では波もなくおだやかだが、三隻《せき》のボートが避《さ》けながら進まなければならなかった流氷や氷山のようすはうかがえる（RICK PRICE/CORBIS 提供）

をだすには大きすぎた。男たちは、氷山が足下からすこしずつくだけているのを感じながら、ボートをだす水域ができることを祈《いの》るしかなかった。

しかし、見込《みこ》みはなさそうだった。氷山のいちばん高いところから見回すと、はるか遠くまで流氷帯にとりかこまれている。シャクルトンがどれほど勇敢《ゆうかん》でたくましい、すぐれた人物だとしても、山を動かすような奇跡《きせき》を起こすことはできるはずもない。

ところが、とつぜん目の前で、信じられないようなことが起こった。氷山をとりかこんでいた流氷帯に、まるで、見えない手ではらいのけるようにみるみる割れ目ができて、一筋の道が開けたのだ。シャクルトンはすかさず大声をあげ、ボートを水におろし、荷物を投げこむよう命じた。男たちは次々にボートに飛び移ると、目の前に開けた水路を猛《もう》スピードでこぎ進んだ。ボートはやがて、流氷帯をぬけだし、安全な海にでた。

ウェッデル海の複雑で奇妙《きみょう》な潮の流れを完全に理解することなど、だれにもできない。シャクルトンたちが目にしたような現象も、この海域ではとりたてて不思議なことではないのかもしれない。しかし、いよいよ最後のときがきたかと思った瞬間《しゅんかん》に、命を救われるようなできごとが起こったのはこれがはじめてではなかった。隊員たちのなかには、神が自分たちに救いの手をさしのべたのだと感じはじめているものもいた。もちろん、ただ運がよかったのだと思うものもいた。いずれにしろ、シャクルトンたちにとって、これほどありがたいことはない。

氷の上での二度の危機を経験して、シャクルトンは、夜もボートにのったままますごさなければならないと判断した。ペーシャンス・キャンプをはなれてから三日目、天気はいよいよ荒《あ》れて、波のうねりも大きくなった。夕暮れがせまるころには、隊員たちは下着までびしょぬれで、疲《つか》れはてていた。たたきつけるような雪と水しぶきでほとんど視界がきかないため、たがいのボートがはなればなれになってしまわないよう、絶えず大声で声をかけあわなくてはならない。夜の間中、ボートのまわりでは、シューッという大きな音が聞こえていた。シャチが水面であげる音だ。その夜は、それまででいちばん長く感じられる夜だった。それでも、のぼってくる太陽を目にすると、隊員たちはまた元気がもどってくるのを感じた。

これほど苦労してきたのだから、陸地に向けて大きく近づいているにちがいないと思いながら、シャクルトンは、自分たちの進んだ距離《きょり》を計測するワースリーの報告を待ちわびた。しかし、ワースリーの報告を聞いたシャクルトンは、がっかりしてしまった。計算によると、風と潮の流れで、五十キロ近くもおしもどされていることがわかったからだ。前進するどころか、もとの位置よりもうしろにひきもどされていた。三日前にペーシャンス・キャンプをはなれてから、さらに陸地からはなれてしまったのだ。シャクルトンは、隊員たちに、思ったほどの前進ではなかった、とだけ告げた。

翌日の四月十三日、ボートはついに流氷帯を完全にぬけだした。ワースリーの計算に基づいて、目的地はエレファント島にすることが決まった。いまいる位置からエレファント島までは、およそ百六十キロほどあるはずだ。気温はさがりつづけたが、オールをこぎつづけているため、体があたたまるのは救いだった。真っ白に凍《こお》りついたひげをはやした男たちは、まるで氷の彫《ちょう》刻《こく》のように見えた。

ときには帆《ほ》を張って風の力を借りながら、男たちは夜から朝、朝から夜へと、交代でオールをこぎ、交代で眠《ねむ》った。流氷帯をぬけだしたため、波はいっそう荒《あら》くなっていた。波しぶきで靴《くつ》も服もびしょぬれで、それが寒さで凍《こお》りはじめる。陸地には着実に近づいていたが、寒さと飢《う》え、のどのかわきと疲労《ひろう》が次々とおそいかかった。氷山の氷を積みこむひまがなかったため、飲み水はない。のどのかわきが強くなればなるほど、オールをこぐのはつらくなり、口がかわいてはれてしまうため、ものを食べることさえつらくなってきた。なかには、生のアザラシの肉をかんで血を吸い、わずかでも水分をとろうとするものもいた。

四月十四日、ペーシャンス・キャンプをはなれて六日目、はるかかなたに、ついにエレファント島の島影《しまかげ》が見えた。ワースリーの計算はまちがっていなかった。シャクルトンは、心からワースリーに感謝した。この三日三晩というもの、シャクルトンもワースリーもワイルドも、一睡《いっすい》もしていなかったが、安全に島につくまでのすくなくともあと丸一日、まだ眠《ねむ》るわけにはいかない。海岸線が見えるほど近づくにつれ、風と波は、いよいよはげしくたけりくるった。まるで、島に近づくのをじゃまするような風と氷、海流と、男たちは丸一日戦いつづけた。夕方になっても三隻《せき》のボートは波にもまれつづけていた。結局、その日のうちに上陸することはできなかった。隊員たちは、次の日までもつかどうかわからないほど衰弱《すいじゃく》している。それでも三隻《せき》のボートは夜の間中、波にもてあそばれながら、流されてしまわないよう必死で位置を保とうとした。ダッドリー・ドッカー号の舵《かじ》をにぎっていたワースリーは、疲《つか》れはててついにうとうとしはじめた。隊員たちは交代を申しでて一度は眠《ねむ》ってもらったが、ボートがコースを保つことができなくなると、あわててワースリーを起こすことになった。しかし、体をゆすってもワースリーはぴくりともせず、その体は冷えきっていた。死んでしまったのかとみんなは心配したが、頭をけっとばすとワースリーはようやく目を覚ました。

永遠につづくかと思われた夜がついに終わりを告げ、わずかに空が白みはじめると、急に風が弱まった。エレファント島の浜辺《はまべ》は目の前だった。上陸するのもかんたんに見えた。一行を悩《なや》ませていたはげしい風が、氷山のかけらを流してきたため、ボートのまわりには氷が浮《う》いている。この氷のおかげで、かわきのために死んでしまう心配もなくなった。

太陽が明るく輝《かがや》きはじめるなか、シャクルトンはボートを上陸させるよう命令することにした。ところが、近くには一隻《せき》のボートしか見あたらない。ワースリーが指揮するドッカー号の姿は影《かげ》も形もなかった。

第十章　エレファント島

二隻《せき》のボートが浜《はま》めがけて必死で近づく間中、シャクルトンは大声で指示をだしつづけた。シャクルトンは上陸のタイミングを慎重《しんちょう》に計っていた。ひとつまちがえば、波によって岩場にたたきつけられてしまう。そのとき、シャクルトンの視界のかたすみにドッカー号がうつった。ドッカー号は、岩場をまいてまっすぐにこちらに向かってくる。シャクルトンはほっとし、心の底からよろこびがわきあがってくるのを感じた。

ワースリーもまた、夜が明けたときに見えなくなっていたほかのボートのことを心配していた。ワースリーは、ほかのボートもきっと無事にちがいないと自分にいいきかせながら、浜辺《はまべ》沿いに上陸地点を探しているうちに、遠くに二隻《せき》のボートを見つけたというわけだ。合流できた隊員たちはボートごしに大声をかわしあって、無事をよろこびあった。こうして、三隻《せき》のボートにのった二十八人の男たちは、全員そろってエレファント島の浜辺《はまべ》にたどりつくことができた。

エンデュアランス号をはなれてから、すでに半年がすぎていた。そして、地面を踏《ふ》みしめるのはじつに一年四か月ぶりだった。浜辺《はまべ》に上陸した瞬間《しゅんかん》だけは、だれもが、この陰気《いんき》で荒《あ》れはてた浜辺《はまべ》のことを、どこよりも美しく、すばらしい場所だと感じた。男たちは酔《よ》ったようによろよろと歩き回ったり、すわりこんで砂利《じゃり》を両手ですくいあげ、それがまるで砂金でもあるかのようにうれしそうに指の間からこぼしたりした。

それから、みんなはもうひとがんばりして、ボートを波にさらわれる心配のないところまでひっぱりあげた。近くでゾウアザラシを見つけ、さっそくしとめた。コックはその肉であたたかい、おいしいシチューを作った。ひとまず不安は去って、力ももどってきた。男たちは足の下の固い大地の感触《かんしょく》になれようと歩き回った。ワースリーはぼうっとしながらあたりを歩き回る隊員たちのことを「夢遊病者の群れ」と書いている。

シャクルトンは、ほとんどの隊員が疲《つか》れきっていることを知っていた。なかには、危険なほど健康をそこねているものもいた。ブラックボロの足の凍傷《とうしょう》は、とりわけひどかった。しなければいけないことは山ほどあったが、シャクルトンはまず、隊員たちに食べたいだけ

エレファント島に上陸

シャクルトンたち以前にこの島に上陸したものはいなかったといわれている

熱いシチューを食べるよう命じた。もちろん、男たちはその命令によろこんでしたがい、その後、テントにもぐりこむと、たおれるように眠《ねむ》りについた。

隊員たちがくつろいでいる間も、シャクルトンはワースリー、ワイルド、ハーレーとともに、この小さな浜辺《はまべ》を偵察《ていさつ》して歩いた。仮にテントを張った場所は、満潮になると潮をかぶることは明らかだった。岩のようすから、このあたり一帯が、しょっちゅう水の下に沈《しず》むことがうかがわれた。その上、風から身を守ってくれる場所はどこにもない。もし、はげしい嵐《あらし》がやってきたら、ひとたまりもなく波にさらわれたり、風に吹《ふ》き飛《と》ばされたりするだろう。四人は相談の上、もっと安全な場所を見つけてキャンプ地を移すことに決めた。一日か二日ほど休んだら、またボートにのらなければならない。

上陸をはばんでいたはげしい風は吹《ふ》き荒《あ》れつづけていた。それでも、男たちの眠《ねむ》りをさまたげることはできなかった。この一週間というもの、ほとんど眠《ねむ》っていなかったシャクルトン、ワースリー、ワイルドは十八時間ぶっつづけで眠《ねむ》った。

翌日、男たちは小さな浜辺《はまべ》中にぬれたものを広げてかわかした。ワイルドはボートにのって、より安全なキャンプ地を探しにでかけた。隊員たちのようすをじっくり観察して、シャクルトンには、この六か月の間に受けたみんなの苦労が痛いほどわかった。丈夫《じょうぶ》なアイルランド人、

上陸後最初の食事。右から四番目がシャクルトン

シャクルトン自身も、疲労《ひろう》はかくせなかった。ワースリーはシャクルトンのことを、希望と活力に満ちていたエンデュアランス号の出航のときにくらべて、何歳《さい》もふけこんだようだと語っている。

ワイルドはスタンコーム・ウィルズ号で、沿岸をいったりきたりしたが、波と風から守ってくれそうなキャンプ地は一か所しか見つけることができなかった。もどってきたワイルドから報告を受けたシャクルトンは、すぐさま全員に、明日の朝出発するので荷物をまとめるようにと命じた。隊員たちは、ふたたび海にもどらなければならない不運にのろいの声をあげた。

四月十七日の朝、命からがらにげだしてきたばかりの海へ、だれもが気ののらないまま三隻《せき》のボートを浮《う》かべた。新しいキャンプ地は、浜辺《はまべ》づたいに十キロほどのところにある。海にこぎだしたボートには、すぐさま、はげしい風がおそいかかった。海から陸に向けて吹《ふ》く強い風のために、ボートは浜辺《はまべ》へと吹《ふ》きよせられ、なかなかはなれることもできない。結局、浜辺《はまべ》をはなれるまでにオールを三本も折ってしまうという不運に見舞《みま》われた。

浜《はま》をはなれたとたんに風の勢いはますます強くなり、視界はほとんどきかなくなった。水しぶきが柱のようにボートに向かっておそいかかってくるからだ。このような状況《じょうきょう》でボートをこぐのはたいへんな作業だ。この間に、さらにまた二本のオールが折れた。ワースリーが指揮するダッドリー・ドッカー号には、折れていないオールが三本しかのこっておらず、みるみる、ほかの二隻《せき》におくれをとりはじめた。折れたオールの分をとりかえすためには、二倍もの勢いでこぎつづけるしかない。風はくるくると方向を変えている。とつぜんの風の変化でボートが転覆《てんぷく》するかもしれないため、帆《ほ》をあげることもできない。

ジェームズ・ケアード号とスタンコーム・ウィルズ号は波にもまれながらも前に進んだが、オールの足りないドッカー号は、やむをえず大きな岩の陰《かげ》で風が静まるのを待つことになった。三時間後、ようやく風がおさまると、ふたたびドッカー号は進みはじめた。はるか遠くに、ウィルズ号とケアード号がすでに上陸しているのが見えた。岩陰《いわかげ》をでてから三十分ほどで、ドッカー号はようやく浜《はま》にのりあげた。

新しいキャンプ地は、前のものとたいしてちがわないように見えた。岩のごろごろした浜辺《はまべ》は、どこもかしこもぬれていた。前の浜《はま》よりは多少広く、満潮の位置よりも高いところにはあるものの、この島に吹《ふ》き荒《あ》れる風をふせいでくれるものはなにもなかった。

しかし、もう一度移動することなど考えもおよばない。ワイルドによれば、全員を収容できる場所はここしかないということだったし、シャクルトンはワイルドの目が確かなことを知っていた。さらに、メンバーのなかにはすっかり弱りはてているものがいた。足の凍傷《とうしょう》に苦しむブラックボロは、人の助けなしではボートからおりることもできなかった。ルイス・リッキンソンは心臓発作に悩《なや》まされ、さらに精神的に不安定になった隊員もでてきていた。隊員のなかには二人の医者がいて、病人を十分に看病していたので、当面の危険はなかったが、病人であることにはちがいがない。ほかにも肉体的な疲労《ひろう》に苦しむもの、寒さに苦しむもの、精神的なストレスに苦しむものもいたし、その三つすべてに悩《なや》まされているものもいた。

このキャンプ地は、発見者にちなんでワイルド岬《みさき》と名づけられた。夜の間中おそろしい風がさけび声をあげていたが、疲《つか》れきった男たちは気づきもしなかった。ワースリーのテントが風でつぶされてしまったときにも、なかにいた男たちは寝袋《ねぶくろ》からでもせずに、テントの生地を毛布のように体の上にまきつけただけだった。

翌朝、ワイルド岬《みさき》での生活がはじまってみると、この場所では、はげしい風がいつでも吹《ふ》いていることを思い知らされた。あまりの強い風に、アザラシ狩《が》りにいったシャクルトンが、吹《ふ》き飛《と》ばされて地面にたおれたほどだ。風にまじって、皿ほどもある氷のかたまりが飛んでくるため、浜辺《はまべ》の短い散歩さえが、危険な冒険《ぼうけん》のようなものだった。

冬は急ぎ足で近づいている。アザラシとペンギンをつかまえることはできたが、冬の間、食《しょく》糧《りょう》がもつ保証はどこにもない。もちろん、救助船がやってくる可能性などゼロに等しい。のこされた方法は助けを求めにいくことだけだ。

シャクルトンに決断のときがやってきた。

第十一章　別れ

シャクルトンがめざすべきところははっきりしていた。人の暮らすいちばん近い島は、八百キロほどはなれたフエゴ島やフォークランド諸島だが、風の方向や海流の向きが反対で、たどりつくことは無理だ。希望をもてる目的地は、北東の位置にあるサウスジョージア島だけだった。

サウスジョージア島は捕鯨《ほげい》基地として栄えていて、いつでも船乗りたちがいるし、エレファント島のなかまを助けにくるための船も調達できそうだった。エンデュアランス号が南極に向けて出航する前に、最後に寄港したのもここだった。シャクルトンがやりとげなければならないことはただひとつ、小さな救命ボートで、世界一の荒海《あらうみ》を千三百キロこぎわたって、サウスジョージア島にたどりつくことだ。シャクルトンはまよわず決断した。

この旅の危険をいちばんよく知っていたのはワースリーだったにちがいない。熟練の船乗りであり、優秀《ゆうしゅう》な航海士でもあるワースリーは、この世界のはての海では、西から東に向かうはげしい風が吹《ふ》くことを知っていた。地球の自転が原因で生じるこの風は、卓越偏西風《たくえつへんせいふう》とよばれ、海の流れさえをも西から東へとおし流す。さえぎる陸地もないため、南極大陸と南アメリカ大陸の間に横たわるこの広い海域には、いつでもこの風が吹《ふ》いている。ドレーク海峡《かいきょう》ともよばれるこの海では、常に化け物のような巨大《きょだい》な波がさかまき、暴風が吹《ふ》き荒《あ》れているのだ。

シャクルトンは自分以外に五人のメンバーを選ぶことに決めた。隊員のほとんど全員がこの危険な仕事に志願したが、慎重《しんちょう》に考えてメンバーを選んだ。まず、天才的な航海士であるワースリーをはずすわけにはいかない。きびしい航海でいためつけられるボートを修理する船大工のマクニーシュも必要だ。シャクルトンはさらに、ベテランで丈夫《じょうぶ》な男たち、トム・クリーン、ジョン・ビンセント、ティム・マッカーシーを選んだ。いずれも、船のあつかいには熟練しており、生涯《しょうがい》のほとんどを海の上で暮らしてきた男たちだ。

シャクルトンの古くからのなかまワイルドは、メンバーに選ばれずがっかりした。しかし、シャクルトンは、エレファント島にのこされた隊員たちをまかせられるのは、ワイルド以外にはいないと考えた。シャクルトンは、それほどワイルドに信頼《しんらい》をおいていた。シャクルトンたちが出航したあとは、ワイルドが隊長となることが決まった。

三隻《せき》のボートのなかから、いちばん大きくてがんじょうなジェームズ・ケアード号が選ばれた。とはいえ、全長七メートルにも満たないこのボートが、長くきびしい航海を耐《た》えぬくことができるようには見えない。そこで、これから立ち向かう大波に、すこしでも耐《た》えられるように、ほかの二隻《せき》のボートの木材を使って、ケアード号の船縁《ふなべり》を高くすることにした。板のすきまには、アザラシの血と画家のジョージ・マーストンから借りた油絵の具をまぜて作ったペーストをつめた。

ケアード号の補強に役立つものはなんでも使われた。ほかのボートからとりはずしたマストが、ケアード号の中心に背骨のようにとりつけられた。船大工はその上に古いテントのキャンバス地をかぶせ、交代で眠《ねむ》るメンバーを波から守るようにした。船底にはボートの安定性を保つ重り、バラストとして、大きな石ころが積みこまれた。ボートが重くなれば、その分スピードはでなくなるが、転覆《てんぷく》だけはなんとしても避《さ》けなければならないからだ。

航海は二週間以上はかからないと計算したが、シャクルトンは三十日分の食糧《しょくりょう》や水を積むことにした。食べ物のはいった箱、粉ミルク、ワイルド岬《みさき》におおいかぶさるようにそびえる氷河をとかして作った水などとともに、携帯用《けいたいよう》のコンロをふたつ、十分な量のマッチとロウソク、

シャクルトンたちの出発に備えて、ケアード号を補強する隊員

六個の寝袋《ねぶくろ》なども積みこまれた。また、なによりも大事な航海用の地図と測定器具を、ワースリーはこわれないように、慎重《しんちょう》にキャンバス張りの甲板《かんぱん》の下に積みこんだ。

隊員たちはみんな深刻な顔つきで、出発する六人の準備を手伝った。隊員たちの多くは、それぞれ心のなかで、二度とシャクルトンたちと会うことはないのではないかと不安に思っていた。フランク・ハーレーにいたっては、万が一シャクルトンが死んだ場合、この探検を記録した写真の使用権や出版権をすべて自分にゆずるという契約書《けいやくしょ》を用意して、サインを求めた。シャクルトンはなにもいわずに、その契約書《けいやくしょ》にサインした。

四月二十四日、すべての準備が整い、六人の男たちをのせたケアード号は、ついに出発した。ボートの六人は波にかくれて見えなくなるまで、島にのこった男たちに手をふりつづけた。すべてが順調にいけば、シャクルトンは一か月ほどで助けにもどってきてくれるはずだ。長い時間ではあるが、のこされたメンバーはシャクルトンを信じていた。もし、この危険な航海をなしとげるものがいるとしたら、それはシャクルトン以外にないのだと。

ケアード号が見えなくなると、ワイルドはすぐさまキャンプ地の整備にかかった。氷の洞穴《ほらあな》を掘《ほ》ろうとしたが無理だとわかったため、のこされた二隻《せき》のボートをひっくりかえして小屋を

ケアード号の出航

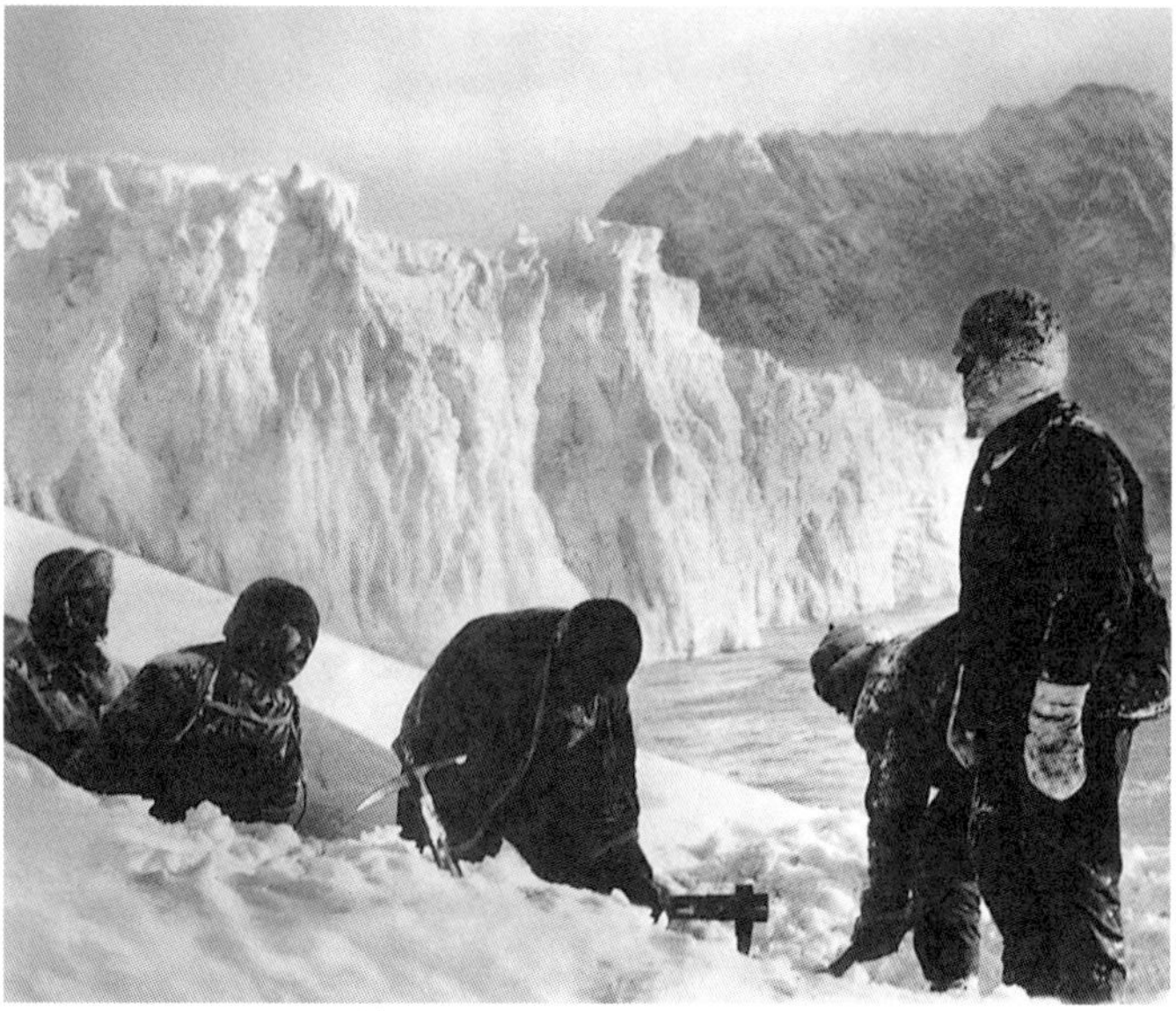

氷の洞窟《どうくつ》を掘《ほ》ろうとしたが失敗に終わる

作ることにした。新しい家は、わずか長さ六メートル、幅《はば》三メートルほどしかなかった。なかにはいると天井《てんじょう》の高さは一・五メートルほどしかなく、まっすぐに立つこともできない。

ケアード号に使わずにのこっていたテント地は、壁《かべ》と床敷《ゆかじ》きに使われることになった。出入口にはドアがわりの毛布をつるして、風と雪が吹《ふ》きこむのをふせぐことにした。キャンバス地の壁《かべ》は雪のブロックで補強されたが、きびしい風雪に耐《た》えるにはほど遠かった。それでも、それが最大限にできることだったし、その時点では、十分快適とさえ思えた。

料理用のコンロが小屋のなかにおかれて、なかをあたためた。ブリキ製の煙突《えんとつ》もとりつけられたので、煙《けむり》がこもることもなかった。食事の時間の座席の位置は、毎回交代することにしたため、だれもが、順番にコンロのそばのあたたかい席ですごすことができた。

キャンバスと雪のブロックの壁《かべ》は光を通さず、なかは真っ暗だったが、ワイルドはキャンバスにいくつか穴をあけ、そこにエンデュアランス号の機械類からはずしてきたガラスをはめこんで窓にした。合計四つの窓のおかげで、読書やトランプゲームをすることができるようになり、たいくつをしのがなければならない隊員たちからはとてもよろこばれた。

本は六冊のこっていた。なかでも詩の本や、百科事典の人気が高かった。エレファント島で暮らすものにとって、本は食糧《しょくりょう》の次にみんなから必要とされるものだった。日記をつけるもの

二隻《せき》のボートをひっくりかえして作った小屋

もあいかわらずたくさんいた。隊員たちの書いた日記は、のちに、なにものにもかえがたい情報源となって、ハーレーの撮《と》った写真以上に貴重なものとなった。それぞれが、夢や気持ち、においや音といった、写真にはとらえることのできないものまでを語っている。それらの日記は、あるものは家宝として、あるものは博物館の展示品として、いまでも大切に保存されている。

のこされた男たちの生活は、食物を求めて狩《か》りにでかけ、小屋を修繕《しゅうぜん》し、料理や火のめんどうをみるといったことの単調なくりかえしだった。そうした生活のあいまあいまに、もしかしたら救いの船があらわれないかと、男たちは何度となく海を見つめた。

せまい場所に閉じこめられて、だれもがたいくつと不安の入りまじった気持ちにどっぷりつかっていた。ささいなけんかはしょっちゅう起こった。けんかのいちばんの原因は食べ物のことだった。だれかが食糧《しょくりょう》置き場からビスケットをすこしくすねるといった事件が起こるたびに、波風が立つのはしかたがなかった。それでも、ワイルドの指揮のもと、冷静で規律ある雰囲気《ふんいき》はなんとか保たれた。このような状況《じょうきょう》では、自分だけ得をしようとあがいてもむだだということに、みんなが気づいたからだ。

風呂《ふろ》にだって、もう長い間、だれもはいっていない。ある隊員はそのことについて、日記のなかで冗談《じょうだん》めかして述べている。自分たち以上に汚《きたな》らしい人間は、これまでにだれもいなかっただろうと考えると、とてもいい気分だと。

天候はわるくなるばかりだった。一か月、二か月とすぎ、さらに三か月目にはいると、毎日のようにはげしい嵐《あらし》とブリザードに見舞《みま》われることになった。ついに南極の冬がまたやってきたのだ。気温もぐんぐんさがり、あたり一面を凍《こお》りつかせた。たまに気温があがると、雪がとけてたちまち水びたしとなり、根気よく小屋から水をくみださなければならなかった。隊員たちは、むしろ氷点下の寒さの方をよろこんだ。すくなくとも、寝袋《ねぶくろ》がぬれずにすむからだ。

この間、ブラックボロの足の状態は危険なまでにわるくなっていた。十分な防寒対策をとることができずに極地探検に挑《いど》むものにとって、凍傷《とうしょう》は避《さ》けては通れない。凍傷《とうしょう》は極端《きょくたん》な低温で肌《はだ》が凍《こお》ることから起こり、手足の指、鼻の頭などが最もかかりやすい。ブラックボロのように凍傷《とうしょう》が悪化して、凍《こお》った細胞《さいぼう》がもとにもどらないと、ついには壊疽《えそ》を起こしてしまう。壊疽《えそ》とは凍《こお》った細胞《さいぼう》が死んで腐《くさ》ってしまう症状《しょうじょう》で、腐《くさ》った部分を切りとらないと、ほかの部分にまで移る危険がある。ブラックボロの場合も不運なことに、ろくな医療《いりょう》設備もない場所で、壊疽《えそ》を起こした側の足の指を五本とも切りおとすしかなくなってしまった。

手術は、ボートをひっくりかえした粗末《そまつ》な小屋で、二人の医者、ジェームズ・マッキロイとアレクサンダー・マックリンによっておこなわれた。明かりはロウソクの光だけがたよりで、空気はコンロからでる黒い煙《けむり》のススで汚《よご》れていた。二人の医者は、ほかの隊員たちが気づかうなか、手術をおこなった。手術は成功した。五本の指は失ったものの、足も、命も無事だったのだから。

ワイルドは深く尊敬するシャクルトンのやり方にしたがって、指揮官としての役割を懸命《けんめい》にこなした。シャクルトンとおなじようにワイルドも、隊にとっていちばん大切なのは、隊員たちの気持ちをおちこませないことだと考えていた。二人の医者と協力して、隊員たちの健康に気を配る一方、シャクルトンの伝統をひきついで、ちょっとした娯楽《ごらく》の会をひんぱんに計画した。エンデュアランス号をはなれてから、六か月にもわたって氷と海の上でもまれてきたにもかかわらず、ハッセーのバンジョーは、奇跡的《きせきてき》にまだ形をとどめていた。ワイルドの指示で、ハッセーは週に一度コンサートを開いた。ハッセーの持ち歌はちっともふえなかったが、それでも、地球のはてに打ち捨てられた隊員たちにとって、音楽は大きななぐさめになった。

しかし、シャクルトンのやり方を忠実に守ることによって、指示が甘《あま》いものになってしまうこともあった。ワイルドが「ボス」とよび親しんだシャクルトンは、根っからの楽天主義者だった。それはつまり、いちばん起こってほしいことが起こると信じるということだった。この楽天性を見習って、毎日、今日にもボスがむかえにやってくるかもしれないという希望を隊員にあたえるために、ワイルドはあえて食糧《しょくりょう》をたくさんたくわえないようにした。とりあえずは、十分な量のアザラシとペンギンの肉があったため、ワイルドは必要以上の狩《か》りをさせなかった。数か月分のたくわえをするということが、隊員たちに先の長さを感じさせ、わるい影《えい》響《きょう》をあたえると考えたからだ。氷盤《ひょうばん》の上でキャンプを張っていたとき、シャクルトンはおなじような指示をしていた。しかし、隊員たちが心配したとおり、やがて、アザラシたちは移動をはじめ、ペンギンの数もどんどんへっていった。

肉のたくわえが足りなくなるかもしれないという心配がでてきて、隊員たちは不安におびえはじめた。すでに八月が終わろうとしているのに、救助隊がやってくる気配はまったくなかった。へっていく肉をおぎなうために、海藻《かいそう》までゆでて食べるようになった。それでもワイルドは毎日声をかけつづけた。

「さあ、荷物をかたづけろ。今日こそボスがむかえにくるぞ!」と。

しかし、隊員たちのなかにはあきらめはじめているものもいた。シャクルトンが出航してから すでに四か月がたっていた。サウスジョージア島までは、数週間でつくはずだ。もしシャクルトンがサウスジョージア島にたどりついたら、なにをおいても真っ先にエレファント島にむかえの船をだしてくれるはずだ。

あまりにも時間がたちすぎている。だれも口にはださないものの、シャクルトンはサウスジョージア島にたどりつけなかったのではないかと考えるものは、一人や二人ではなかった。それはつまり、ボスと五人のなかまが海で死んでしまったということにほかならなかった。

第十二章　ケアード号

ケアード号が出航して最初の数時間は、順調な帆走《はんそう》ができた。めずらしいことに、太陽が明るく照っていて、帆《ほ》も風をいっぱいに受け、ボートはなめらかに進んだ。理想的な天候だった。エレファント島はみるみる小さくなっていく。遠くから見るエレファント島は、雪をかぶった山のそびえる、おだやかな島に見えた。もちろん、ケアード号の乗組員たちには、その本当の姿がわかっていたが。

ワースリーの指示にしたがって、あちこちに氷の浮《う》かぶ海の上を、慎重《しんちょう》に航路を選びながら、開けた海めがけて進んだ。大きなビルほどもある氷のかたまりをよけながら進むうちに、まるで、ビルの建ちならぶ大都会を通っているような気持ちにさえなった。

想像力の豊かなワースリーは、浮《う》かんでいる氷を動物に見立てて楽しんだ。キリンやワニ、

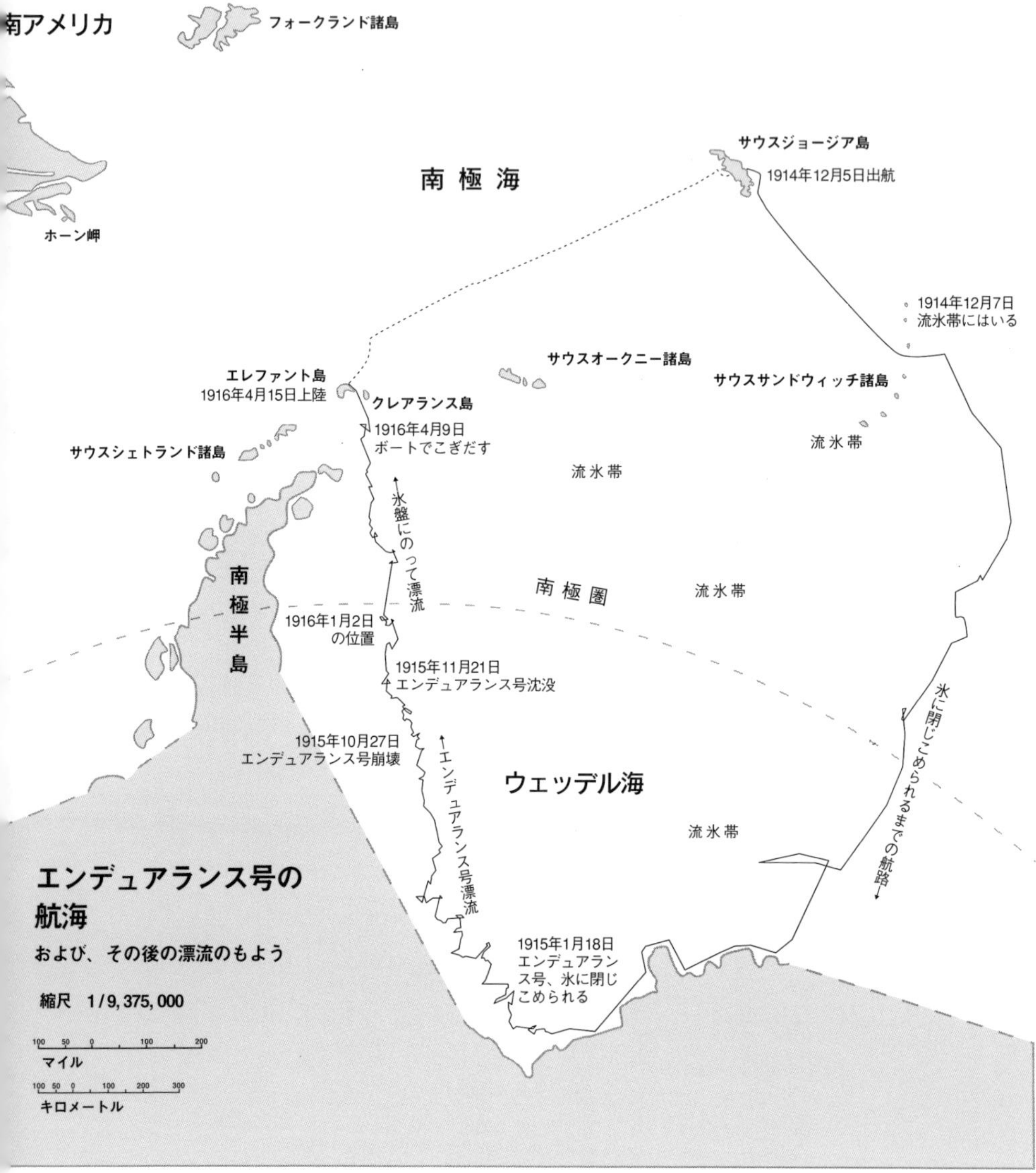

シャクルトンの著書『South』に掲載《けいさい》されたエンデュアランス号の航海のルート。
点線は、サウスジョージア島へのケアード号の航路

クマにアヒル、さらには三角屋根の山小屋のてっぺんに立つゾウがいるとワースリーは指をさしたが、ほかの隊員には、どれも白い氷のかたまりにしか見えなかった。

日が沈《しず》む前にケアード号は氷の海をぬけ、広々と開けた海にでた。何か月もの間、敵でもあり友でもあった氷とはこれでさよならだ。

その日の夜遅《おそ》く、シャクルトンとワースリー以外の隊員は、キャンバス地の甲板《かんぱん》の下にかたまって眠《ねむ》っていた。シャクルトンとワースリーは、ボートのうしろの方で、見張りをしていた。めずらしくおだやかな夜で、冷たい空気のなか、星々がさえざえと光を放っていた。おそろしいほど美しい星空の下で、二人の友は、体をあたためるためによりそいながら、将来について語り合った。この日の夜は、どちらにとっても生涯《しょうがい》忘れられない夜になった。はげしい冒険《ぼうけん》のなかでの静かなひとときとして。

こうして、船出をした日とその夜はおだやかな天候にめぐまれ、距離《きょり》も大きくかせぐことができた。二日目になると、風が荒《あ》れはじめ、ケアード号を木の葉のようにもてあそんだ。それでも、すこしずつ前進し、三日目の四月二十六日には、エレファント島から二百キロもはなれていた。たった三日で、目的地のサウスジョージア島までの八分の一以上の距離《きょり》を進んだことになる。これは、船酔《ふなよ》いで気分のすぐれない隊員たちにとって、気持ちをもりたてる、とてもありがたい知らせとなった。何か月にもわたって氷の上ですごすうちに船のゆれを忘れていた隊員たちは、だれもが船酔《ふなよ》い気味だった。ワースリーさえもが、少々船酔《ふなよ》いしたことを認めている。

天気がよいときでさえ、小さなボートでの旅は快適とはほど遠い。風と波しぶきは絶えずケアード号におそいかかり、キャンバス地の甲板《かんぱん》は、表面をおおう氷の重みでたわみはじめた。ハーレーが発明したポンプを使って、ボートの底にたまる水をくみだすことはできたが、持ち物がぬれることまではふせげなかった。

キャンバス地の甲板《かんぱん》の下は、バラストがわりの石や荷物で足の踏《ふ》み場《ば》もない。隊員が寝起《ねお》きするこのスペースは、長さ二メートル、幅《はば》一・五メートルほどしかなく、その上、船首にいくほどせまくなる。キャンバス地の天井《てんじょう》は低く、すわって背中をのばすこともできない。このせまい穴蔵のような空間で睡眠《すいみん》をとり、料理をし、食事をとらなければならない。ボートが波にゆられるたびに、かわるがわるだれかが、食糧《しょくりょう》のはいった箱のかどや、バラストの石に頭をぶつける始末だった。水のしみた寝袋《ねぶくろ》は、すこしずつドロドロに腐《くさ》りはじめ、とてもゆっくり眠《ねむ》ることなどできる状態ではなくなった。

六人のメンバーは、ふたつのグループに分けられた。片方のグループが下で睡眠《すいみん》をとる間に、もうひとつのグループが舵《かじ》をにぎり、帆《ほ》をあやつり、水をかきだした。交代の時間がやってくると、シャクルトンは隊員どうしが体をぶつけないように、いちいちだれがどこを通って移動するかを指示した。交代をすばやくすますことはとても大事なことだった。わずかのすきに天候が変わってしまったり、突風《とっぷう》におそわれたりするかもしれないからだ。だれもが海のおそろしさは十分に知っていたが、難破船の残骸《ざんがい》がただよっているのを目にしたときには、改めて、気のひきしまる思いを味わった。

みんなは、毎日毎日、もしかしたら一日中太陽が雲間から顔をださないのではないかと不安を感じて、空をあおいだ。自分たちの位置を確認するために、太陽はなくてはならない。ワースリーはボートの位置を六分儀《ろくぶんぎ》という道具で測っていた。まず六分儀《ろくぶんぎ》を使って太陽と水平線の角度を測る。そして、クロノメーターという時間を正確に計る道具を使って、時刻を導きだす。これらの情報を海図と照らしあわせることによって、船の位置が決まり、進むべき方向も決まる。

この計測はちょっとのくるいも許されないものだったが、それはとてもむずかしいことだった。ボートは波にゆられて、いつでも大きくあがったりさがったりすると同時に、横にもゆれている。そんな状態で水平線と太陽をうまくとらえることは、まるで、ジェットコースターに

船長フランク・ワースリー。ワースリーのすぐれた航海技術がなければ、ケアード号の航海の成功はなかっただろう

のりながら、太陽の位置を正確に読みとろうとするようなものだ。

すこしでも正確な計測をおこなうために、ワースリーはなかま二人に、両側からしっかりとささえてもらって立った。水平線がはっきりと見えるのは、ボートが波のてっぺんにある一瞬《いっしゅん》だけだ。この作業を一日に何度もくりかえすのはたいへんなことだった。しかし、自分たちがどのくらい進んだのか、どちらに向けて進むべきなのかを知る方法は、それしかない。

最初の一週間が終わるころには、隊員たちはボートのゆれにもなれはじめていた。波と波の間にいるときはゆれも比較的《ひかくてき》ゆるやかなのだが、いきなりはげしい勢いで波のてっぺんにもちあげられる。そして、大海原を自分たちの足下に見おろしたと思うまもなく、また、止まれなくなったスキーヤーのように、波の坂をまっしぐらにすべりおちていく。波と波の谷間にまですべりおちると、ようやくボートの動きはおさまる。そして、またおなじことが、昼も夜も無限にくりかえされる。乗組員たちはやがて、この動きを自然なリズムだと感じるようにまでなった。

シャクルトンは、みんなが毎日規則正しい生活を送るように気をつけた。まず朝になると、コック役のクリーンによってあたたかいシチューが用意される。寒さにふるえる男たちは、朝食の用意ができたことを知らせるクリーンの声を心待ちにしていた。食べ物は、すこしでも体をあたためるために、やけどするほど熱いものがだされた。

トム・クリーン。サウスジョージア島への旅のメンバーの一人

ボートのなかの生活は想像していたよりもはるかにひどいものだったが、男たちは、あいかわらず、陽気にふるまいつづけた。

ワースリーは毎朝、マッカーシーの「今日もいい天気です、船長！」という声にはげまされた。実際にはどれほどくもっていて、どれほどはげしい風が吹《ふ》いていても、マッカーシーは毎日元気よくおなじことをいった。また、クリーンは舵《かじ》をとる順番になると、いつでも陽気に歌を歌いつづけた。

なんの歌なのかさっぱりわからない単調なその歌を、いいかげんにしてほしいという声もでるほどだった。やがて、「笑って耐《た》えろ」というのがボートで暮らしていくためのモットーになった。

南極に近いこの海域では、はげしい嵐《あらし》はめずらしいものではない。出航して一週間もしないうちに、ケアード号はおそろしい嵐《あらし》にまきこまれた。気温が急速にさがり、ケアード号にふりかかるしぶきはたちまち凍《こお》りついた。帆《ほ》までが凍《こお》ってしまい、氷の重みでケアード号は沈没《ちんぼつ》のおそれもでてきた。できた氷を次々とたたきおとさなければならない。

嵐《あらし》は三日間つづいた。その間、男たちは使える道具をすべて使って、死にものぐるいでボートについた氷をたたきおとしつづけた。氷が張ってすべりやすいため、それはたいへん危険な作業だった。もし、嵐《あらし》の海におちでもしたら、助かる方法などまったくない。

波はおそろしいほど高く、ケアード号はまわりを水の壁《かべ》にとりかこまれてしまったようだった。片手でボートにしがみつき、あいた手で氷をたたきおとしているワースリーの姿は、まるで暴れ馬にまたがるカウボーイのようだった。甲板《かんぱん》にかがみこんだ姿勢のまま長時間をすごしたため、ワースリーの筋肉は固まってしまい、体を動かすこともできなくなった。みんなで船室におろして、体中をマッサージしたところ、ようやくワースリーの体はもとにもどった。

船上での仕事を交代して、船室におりても、ゆっくり休めるわけではない。びしょぬれの寝《ね》袋《ぶくろ》で快適に眠《ねむ》ることなどできない。寝袋《ねぶくろ》のうちのいくつかは、腐《くさ》ってひどいにおいをだすようになったため、海に捨てるしかなくなった。船室では丸くなって、ただひたすら嵐《あらし》がおさまるのを祈《いの》るしかない。

五月二日、嵐《あらし》がはじまってから三日後に、風はおさまり、太陽がようやく顔をのぞかせた。男たちにとって、それは小さな奇跡《きせき》のように感じられた。

五月三日は太陽が明るく輝《かがや》くあたたかい一日となり、男たちはようやく、ほっと一息つくことができた。ワースリーの測量にとっても、好天はとてもありがたかった。隊員たちはかたずをのんで、ワースリーの測量の結果を待った。嵐《あらし》に吹《ふ》かれたために、ボートは七百十キロのところまで進んでいた。十日間の航海でボートは目的地までの半分をこえた。太陽はあたたかく照って、ぬれたものをかわかしてくれている。おまけに、のこりの距離《きょり》が半分もないことを知って、みんなは、航海の成功を確信しはじめていた。ワースリーも、この調子でがんばりつづけ、ちょっとした幸運が加われば、あと一週間ほどでサウスジョージア島につくだろうと考えていた。

しかし、この上天気も長くはつづかなかった。五月五日にはふたたび海が荒《あ》れはじめた。はげしい風によって生じた波が、ふたつの方向から交差するようにぶつかってくる十字波のせいで、ボートのゆれはこれまで経験したことがないほど不快なものになった。

真夜中にシャクルトンが舵《かじ》をとっているとき、空を見あげたシャクルトンは、ほの明るい雲の切れ目を見つけてよろこんだ。ところが、そのことを下にいるなかまに伝えようとあげた声は、とちゅうで止まってしまった。雲の切れ目と思ったものは、じつは白く泡立《あわだ》つ波頭だった。波があまりに大きかったため、シャクルトンには水平線も空も見えなかったのだ。ジャクルトンはのちに書きのこしている。それまでに二十六年間も海の上ですごしてきたが、あれほど巨《きょ》大《だい》な波にであったのははじめてだったと。

それはそれはおそろしい光景だった。波は信じられないほどの高さから、一挙にボートにおそいかかってきた。シャクルトンには、下のなかまに注意をうながす声をあげるひまもなかった。波はものすごい勢いでボートにたたきつけてきた。緑の水と白い泡《あわ》以外なにも見えなくなった。ボートは、もちあげられるのと同時にひきずりこまれるように、波にもてあそばれた。ケアード号にはどっと水が流れこんできた。男たちはあらゆる道具を使って、必死で水を外にかきだした。道具の見つからなかったものは、手ですくいだした。もし、おなじような波がもう一度おそいかかってきたら、ケアード号はまちがいなく沈《しず》んでしまう。

しかし、次の波はこなかった。その巨大《きょだい》な山のような波は、おそろしいとどろきを響《ひび》かせながら、夜の闇《やみ》のなかへと遠ざかっていった。ケアード号は、またも命拾いをしたのだ。

第十三章　故郷で待つ人々

この探検の最中、シャクルトンは故郷にのこしてきた人々のことを何度もふりかえっている。なかでも、妻エミリーのことはいちばん気がかりだった。

二人が人の紹介《しょうかい》ではじめて会ったのは、一八九七年のことだった。しかし、結婚《けっこん》したのはそれから七年後だ。この間、シャクルトンは、エミリーにプロポーズを受けてもらい、さらにエミリーの父から結婚《けっこん》の許しを得るために、南極探検にかたむけたのとおなじ情熱と努力をささげた。シャクルトンはエミリーのことを心から愛していたし、エミリーもまた、この有名な探検家をどんなときにもしっかりと、ささえつづけた。シャクルトンは旅立つたびに、エミリーへの愛情を強く感じた。

一九〇七年の南極探検のとき、シャクルトンは南へ向けて旅立ってすぐに、エミリーに手紙を書いている。
「愛する妻へ。埠頭《ふとう》に立ってぼくにほほえみかける君の顔は、いまもぼくの目の前にある。ぼくの心はいっぱいで、ことばもでてこない。できるなら、すぐにでも船を港にひきかえさせて、君を腕《うで》のなかに抱《だ》きしめたい。愛《いと》しい人よ。いまぼくは生涯《しょうがい》でいちばんつらい思いをしている」

エミリーはいつでもシャクルトンの帰りをじっと待っていた。シャクルトンはいったん家をはなれると、ほかの女性に心をうばわれることもしばしばだったが、最後にはいつもエミリーのもとにもどってきた。ところが、シャクルトンが家にいるとき、二人がいつでも幸せかというと、そうともいいきれなかった。探検にでかけている間は、シャクルトンは家庭のあたたかさと、エミリーのことを思いつづけたが、実際にもどってみると、我が家は息苦しく感じられ、いらいらすることも多かった。

子どもたちについても同様だった。シャクルトンにはレイモンドとセシリー、エドワードという三人の子どもがいて、とてもかわいがっていたが、その将来に期待をかけすぎていたため、おしつけがましく、きびしすぎることがあった。さらに、シャクルトンは家族に経済面での苦労もかけていた。

シャクルトンは計画を立てる段階では、いつでも確実に富を得られるつもりになっていた。しかし、実際には、そううまくいったためしはない。一九〇九年に二度目の南極探検から帰ってきたシャクルトンは、にわかに有名人になった。南極点にいちばん近づいた男として、どこにいっても熱烈な歓迎《かんげい》を受けた。シャクルトンはイギリス国王エドワード七世にも気に入られ、南極探検の功績によって、おなじ年に王から騎士《ナイト》の位も受けている。イギリス中いたるところで、歓迎《かんげい》のパーティーがおこなわれたが、それによって、シャクルトンに収入がもたらされることはなかった。シャクルトン夫婦と三人の子どもは、エミリーの父がのこしたわずかな遺産でなんとか食いつないでいた。シャクルトンは家族に経済的な苦労をかけることに深く苦しんでいた。

だが、努力をしていなかったわけではない。シャクルトンは次々と事業を起こすのだが、不思議と失敗してしまうのだ。エンデュアランス号の探検までの年月、ジャーナリストや、工場主、政治家などをめざしたこともあったし、船会社から金鉱掘《きんこうほ》りまで、さまざまな事業にも手をだした。

シャクルトンは最初、スコットランド王立地理学会の秘書の仕事を得て、スコットランドで家庭をもった。しかし、その後、何度も仕事を変えたため、住所もしょっちゅう変わった。ロンドン近郊《きんこう》を転々としながら、ひっこしのたびに、今度こそは宝を手に入れられると信じたが、ただの一度も実際に手に入れることはなかった。結局、シャクルトンには南極探検がいちばん向いた仕事だったのだろう。

探検にでかけるシャクルトンが故郷にのこしてきたのは、妻や子どもばかりではない。探検のために資金をだしたたくさんの人も、シャクルトンの成功を待ちわびていた。エンデュアランス号が出航する前の年、シャクルトンは探検に必要な資金を借りるために、人から人へと飛び歩いている。当時、南極探検家にいちばん必要なのは、資金集めの能力だといわれていたほどだが、ねばり強く魅力的《みりょくてき》な人柄《ひとがら》のシャクルトンには、その資質が備わっていた。根っから明るく、まじめで心のあたたかいシャクルトンは、お金を集めるために、こびたりへつらったりする必要はなかった。使用人からビジネス界の大物まで、あらゆる人が、シャクルトンを好きにならずにはいられなかった。シャクルトンは世界で最も愛された探検家だった。

それにしても、探検のための資金集めはたいへんなのだが、いつも最後には目標額を達成することができた。一九〇七年の探検のときもそうだったが、今回も、もうだめかと思った最後の瞬間《しゅんかん》に、ある金持ちから寄付があったため、エンデュアランス号の出航が可能になった。しかし、その一方、請求書《せいきゅうしょ》も山のように積まれていた。それらの借金は、探検が終わったあとにはらわなければならない。

エミリーはこのような苦労にも耐《た》えつづけた。くりかえしくりかえし、夫が旅立っていくのを許し、ただ次のようにいうだけだった。

「ワシを鳥小屋につなぎとめておくことなどできないのです」と。

エミリーはシャクルトンの深い愛情を受ける価値のあるりっぱな女性だった。シャクルトンはよく、エミリーにいっていた。

「ぼくの人生の最大の目標は、君にふさわしい人間になることなんだ」

このように、故郷にはシャクルトンの帰りを待ちわびるたくさんの人々がいた。この人々への思いが、氷の上を足をひきずって歩くシャクルトンのあとおしをして、力をあたえてくれたことは何度もあっただろう。この人たちのためにも、シャクルトンはなんとしても、ボートを進めなければならないのだ。

第十四章　サウスジョージア島

五月六日の朝には、ケアード号はサウスジョージア島から百五十キロほどのところにいた。目的地まであとわずかだが、隊員たちの苦労はまだ終わらなかった。手は、まめと凍傷《とうしょう》と、コンロによるやけどで黒ずみ、足は冷たい水のせいでむくみ、感覚がなくなっている。その上、ボートに積んできた水の樽《たる》に小さな穴があき、海水がはいりこんで塩からくなってしまった。しかし、飲み水はこれしかない。飲み水として塩水を飲みつづけると、健康に大きな悪影響《あくえいきょう》をあたえる。ただでさえ弱っているところに、さらに耐《た》えなければいけないことができた。それでも、ボートが目的地にどんどん近づいていることが感じられ、はげみになった。

その翌日、つまり出発して十四日目、ボートは、島がいつ見えてもおかしくないところまで近づいていた。しかし、厚い霧《きり》のために、ワースリーは太陽の位置を確かめることができない。

ここまでくると、エレファント島に近づいていたときとおなじ理由で、正確な測量は非常に重要な意味をもつ。ほんの小さなミスで島を通りすぎるようなことでもあれば、はげしい偏西風《へんせいふう》と海流にさからってあともどりすることはまず不可能だ。誤差が大きければ、サウスジョージア島を見ることもなく通りすぎてしまうことさえ考えられた。数日、もしくは数週間後、まちがいに気づいたときには、大西洋のどまんなかだ。そして、小さな無人島がいくつかある以外、立ちよることのできる陸地はアフリカ大陸までない。

次の日の朝になって、海上に海草がただよい、頭上に鳥が輪をかいて飛んでいるのを見て、シャクルトンは心からよろこんだ。どちらも、陸地が近いことをしめすものだからだ。その日のうちに、マッカーシーのよろこびの声が響《ひび》きわたった。水平線のかなたにそびえ立つ島影《しまかげ》を見つけたのだ。出航から二週間、ついにサウスジョージア島は、目に見えるところまで近づいた。よろこびのあまり、男たちは声もなくただすわったまま笑いかわすばかりだった。成功はもう目の前だ。

日没《にちぼつ》までには、ボートは島から三十キロほどのところにまで近づいていた。しかし、暗闇《くらやみ》のなかで上陸することはできない。風を利用して、朝まで海上に停泊《ていはく》することになった。男たちは翌日の上陸を心待ちにしながらも、長い経験から、まだたいへんなことが待っているかもしれないという予感もあった。

予感はあたってしまった。エレファント島に上陸する際の悪夢が、またくりかえされることになったのだ。夜明け前から嵐《あらし》が吹《ふ》き荒《あ》れはじめ、海岸にたどりつく前に、ボートをたたきつぶしそうな勢いだ。熟練した船乗りならだれでも知っていることだが、大海原にいるときとおなじように、上陸する際にも沈没《ちんぼつ》の危険はある。サウスジョージア島の手前には、鋭《するど》い岩をキバのようにならべた岩が待ちかまえている。ケアード号は岩礁《がんしょう》に沿って慎重《しんちょう》に進み、通りぬけられる岩のすきまを探した。

まるで、海が、なにがなんでもボートを沈《しず》めてしまおうとしているようだった。風はボートをキバをむいた岩礁《がんしょう》におしやるように吹《ふ》きつけてくる。もし風に流されるまま岩にぶつかったら、ボートはまたたくまに沈《しず》んでしまう。男たちは必死でボートをあやつろうとしたが、もはや、できることはあまりなかった。

風は荒《あ》れくるいながら、ボートをじりじりと岩礁《がんしょう》へ近づけていく。頭の上で大波が次々とくだけ散る。ワースリーは、このときほどおそろしい目にあったのは、はじめてだったと述べている。根っからの楽天家シャクルトンでさえ、ついには死を覚悟《かくご》した。夜が近づくころには、ワースリーは恐怖《きょうふ》よりも怒《いか》りを感じていた。これほどの苦労をして、はるばるこんな遠くまで

人をよせつけないサウスジョージア島の浜辺《はまべ》

やってきたのに、毎日ていねいにつけてきた日記まで、命ともども海に沈《しず》んでしまうのかと。そうなれば、自分たちが苦労してやりとげたことが、だれにも知られずに終わってしまうではないか。

日が暮れると、なんの前ぶれもなく、やってきたときとおなじようにとつぜん嵐《あらし》は立ち去った。なにかにだまされているのではないかと思いながら、男たちは夜明けを待った。翌朝、一行は晴れ晴れと陸にのりあげ、土を踏《ふ》みしめた。サウスジョージア島には氷河と捕鯨《ほげい》基地がある。氷河は新鮮《しんせん》な飲み水を意味し、捕鯨《ほげい》基地は人がいることを意味している。

男たちは近くに小さな洞窟《どうくつ》を見つけ、寝袋《ねぶくろ》のなかに足をのばしながら、熱いミルクを飲んだ。みんなが眠《ねむ》りにつくと、シャクルトンは一人外にすわって、ボートが流されないよう見張りをした。海は目の前で高く低く波打っている。背後には大きな氷河があり、雪におおわれた山々が切り立っている。

目的地であるストロームネスの捕鯨《ほげい》基地は、島の反対側にある。なんとか島にはたどりついたものの、旅の終わりにはまだほど遠いことをシャクルトンは知っていた。昨日の経験から、ボートで島のまわりをまわって捕鯨《ほげい》基地までいくことは無理だろうと思われた。しかし、マクニーシュ、マッカーシー、そしてビンセントの三人はすっかり弱っていて、遠くまで歩くこと

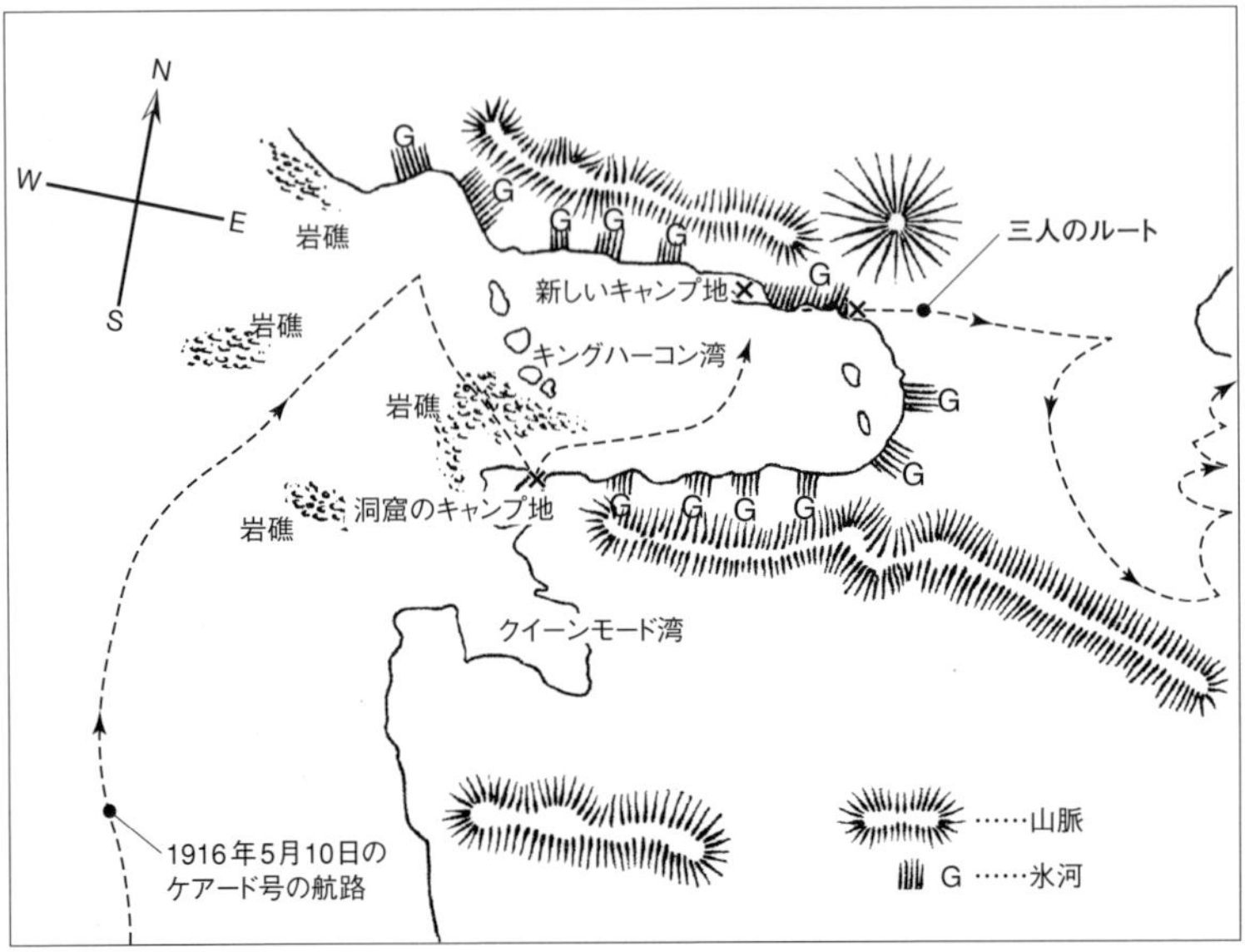

サウスジョージア島へ近づくケアード号の航路が描かれた地図

はできない。

となると、自分が歩いて捕鯨《ほげい》基地までいくしかない。それはつまり、島の端《はし》から端《はし》まで、氷河や山をのりこえていくということだ。それまで、そんな無謀《むぼう》なことを試そうとしたものはいない。捕鯨船《ほげいせん》の漁師や船乗りのだれもが、サウスジョージア島の山は、とてものぼることなどできないと考えていた。それが常識だった。もちろん、シャクルトン自身もよく知っていた。

海を見つめながら、シャクルトンは静かに決心していた。自分には、その常識がまちがっていることを証明するしか道がのこされていないのだと。

第十五章　山ごえ

シャクルトンたちは、キングハーコン湾《わん》の海岸で数日休んだ。すぐに動きだせるものなら、そうしただろう。しかし、山をこえてストロームネスの捕鯨《ほげい》基地までたどりつくための体力を回復するには、さすがのシャクルトンにも数日間の休養が必要だった。のちにシャクルトンはワースリーに打ち明けている。もう一日ボートの旅が長びけば、全員が死んでいたかもしれないと。それほどに、みんなは疲《つか》れきっていた。

浜辺《はまべ》に見つけた洞窟《どうくつ》は、小さかったが休養をとるには十分の場所だった。洞窟《どうくつ》のまんなかにたき火をたき、寝袋《ねぶくろ》をそのまわりにしいて、数日間をごろごろしてすごした。洞窟《どうくつ》からでるのは食べ物を探しにいくときと、あたりの調査にいくときだけだった。

小川が流れていておいしい水が手にはいり、アホウドリの営巣地が近くにあったため、食べ物にもこまらない。足りないのはコンロの火を燃やすための脂肪《しぼう》だけだった。

数か月にもわたる氷の上のキャンプと、エレファント島の荒《あ》れはてた浜《はま》でのキャンプ、そして、二週間のびしょぬれで凍《こお》りつくようなケアード号での日々にくらべれば、この洞窟《どうくつ》は宮殿《きゅうでん》のようにも思えた。ケアード号の帆《ほ》を洞窟《どうくつ》の入り口にたらすことで、なかのあたたかさをにがさず、湿気《しっけ》もふせぐことができた。しかし、心の底からくつろぐことなどできない。エレファント島では、このような快適さとは無縁《むえん》のなかまたちが待っているのだから。

洞窟《どうくつ》は大きな崖《がけ》の下にあった。この崖《がけ》には、島の内陸へ踏《ふ》みこむためのルートはどこにもなかった。湾《わん》にボートをだして、内陸への入り口のある、よりよいキャンプ地に移動する必要があるが、全員の体力が回復するのを待つのが先だ。それに、弱っていたのは体力だけでなく、精神もだった。洞窟《どうくつ》での二日目の夜中のこと、ワースリーはシャクルトンの大きなどなり声に起こされた。シャクルトンは暗闇《くらやみ》の一点に向けて指をさしていた。夢にうなされているのだ。シャクルトンは夢のなかで、いまもなおケアード号にいて、おそいかかる大波を見つめているのだということが、ワースリーには痛いほどわかった。

体力が回復してくると、シャクルトンとワースリーは、まわりの土地を調べ、食糧《しょくりょう》を手に入れるために、すこしずつ遠くまで歩いていくようになった。二人は大量の流木や難破船の残骸《ざんがい》

サウスジョージア島のアザラシは、シャクルトンたちに食糧《しょくりょう》と燃料を提供してくれた

が打ちあげられているのを見つけた。千五百キロもはなれた南米の突端《とったん》、ホーン岬《みさき》をまわろうとして沈没《ちんぼつ》した船にちがいない。潮の流れにのって、こんな遠くにまで流されてきたのだろう。二人は改めて、自分たちの幸運に感謝した。

ありがたいことに、ゾウアザラシを見つけてつかまえることもできた。ゾウアザラシの脂肪《しぼう》があれば、コンロの燃料にもこまらない。銃《じゅう》をもたずに歩いていたときだったため、ワースリーが大きな石でゾウアザラシをしとめた。このときの奮闘《ふんとう》で、ワースリーのシャツは破け、本人は血まみれになってしまった。どんなときでもユーモアを忘れないシャクルトンは、なかまをひっかけてやろうとワースリーにもちかけた。

二人でよろめきながら洞窟《どうくつ》にもどると、シャクルトンはいった。ゾウアザラシにおそわれた自分を助けるために、ワースリーが素手でアザラシに飛びついて、やっつけてくれたのだと。この突拍子《とっぴょうし》もない話を信じるものはいなかったが、肉と脂肪《しぼう》を見て、みんなは大いによろこんだ。

ようやくみんなの体力が回復し、ケアード号にのって船旅ができるまでになった。キングハーコン湾《わん》は海からU字型に切りこんだ湾《わん》で、三方を陸にかこまれている。そのおかげで、湾《わん》内《ない》はこの島におそいかかる嵐《あらし》からも守られていた。今度の船旅の目的地は湾《わん》の対岸なので、危険な波と岩礁《がんしょう》に悩《なや》まされるおそれもない。湾《わん》の内部に向かって四、五キロ進んだところにある新しいキャンプ予定地は、その分捕鯨《ほげい》基地にも近いし、島の内陸部に踏《ふ》みこめそうな場所もありそうだった。快適な洞窟《どうくつ》をはなれるのは残念だが、しかたがない。新しいキャンプ地への船旅は短く、楽にすむはずだ。

じつは、ボートの旅はあやうくできなくなるところだった。ケアード号の舵《かじ》が上陸の際に折れてしまい、波に運び去られてしまっていたからだ。ところがその舵《かじ》は、数日後、シャクルトンの目の前にまた流れついた。このはてしない海のなかで、舵《かじ》がふたたび足下にあらわれたのは、まるで奇跡《きせき》のようなできごとで、おどろかずにいられなかった。舵《かじ》がなければ、ケアード号をあやつることはむずかしく、ほんの短い航海さえできなかっただろう。これもまた、探検隊が経験した、数々の不思議で幸運なできごとのひとつだった。

男たちは、ケアード号にのって、ほとんど鼻歌まじりに湾《わん》をわたった。むずかしいことなどなにもなかった。新しいキャンプ地には洞窟《どうくつ》が見つからなかったため、エレファント島のなかまとおなじように、ケアード号をひっくりかえして、小屋を作ることにした。

シャクルトンとワースリーはあたりを歩き回って、ストロームネスに向けての大まかなルートを考えた。山をこえてサウスジョージア島を横切ったものは、これまでだれ一人いないので、島の内部の正確な地図はない。行く手になにが立ちはだかっているのか、想像もつかなかった。

マクニーシュとビンセントの体力は限界で、マッカーシーも十分な体力とはほど遠かった。そこで、この三人は小屋にのこり、シャクルトンとワースリー、そして、クリーンの三人でストロームネスに向かうことに決めた。基地につきしだい、がんじょうな捕鯨船《ほげいせん》を差し向けて、三人をむかえにくることにした。

ストロームネスまでの道のりは、風と雪が加われば、さらにけわしいものになる。サウスジョージア島については、島の横幅《よこはば》いっぱいに山が立ちふさがるようにつらなっていて、いちばん高いところでは千八百メートルほどにもなるということはわかっていた。岩がむきだしの山頂部には、吹《ふ》き荒《あ》れる突風《とっぷう》をさえぎるものもなく、人間などかんたんにひきはがされてしまうだろう。そこで一行は、完全な好天がおとずれるまで待つことにした。

五月十八日、空はきれいに晴れあがった。出発は翌朝の日の出前と決まった。

その朝、明るい月が雪におおわれた風景を照らしていた。三人はそれぞれ、三日分の食糧《しょくりょう》をせおった。運にめぐまれ、天気がもちこたえてくれれば、ストロームネスには一日半でつくはずだった。ほかには小さな携帯用《けいたいよう》コンロと双眼鏡《そうがんきょう》、コンパス、マッチ、ロープ、そして、小さな手斧《ておの》など、最低限の荷物だけをもった。だれも通ったことがなく、地図もない道をゆくのだから、道をまちがえることは覚悟《かくご》の上だ。山の向こう側におりるルートが見つかるまで、何度も山をのぼりおりすることになるだろう。荷は軽ければ軽いほどいい。

握手《あくしゅ》を交わし、別れのことばをかけあったあと、シャクルトン、ワースリー、クリーンの三人はなかまたちと別れて、内陸への第一歩を踏《ふ》みだした。

坂をのぼっていくうちに、シャクルトンは前方の月明かりのなかに、雪がくずれおちたクレバスが黒々と口をあけているのを見つけた。クレバスとは雪や氷にあいた深いさけ目で、浅い

サウスジョージア島の氷河。シャクルトンとワースリー、クリーンの三人はこのような氷河をいくつかわたった

雪の層におおわれて地つづきのように見えることも多い。シャクルトンはそれまでの南極探検で何度もクレバスにでくわしており、その危険についてはよく知っていた。もし、クレバスにおちてしまったら、助かる見込《みこ》みはまずない。

三人は安全のため、おたがいの体をロープでつないで、一列になって歩いた。こうしていれば、先頭のものがクレバスにおちても、うしろの二人が足を踏《ふ》んばって食いとめ、ひっぱりあげることもできる。それでも、危険なことには変わりなく、三人はそれぞれ十分に注意をはらいながら進んだ。

夜が明けるころ、三人は前方に大きく広がる湖を見おろす地点までのぼりついた。気をつけながら一歩一歩坂をくだり、氷河をわたり、その湖の近くにたどりついてみると、それは湖ではなく海だった。道をまちがえてしまったのだ。三人はしかたなく、二時間かけて、いまおりてきた道を、峠《とうげ》までまたのぼった。

このあとも、どうしても先に進めなくなって、のぼってきたばかりの坂をくだるようなことも何度かあった。できれば、そのような失敗は避《さ》けて通りたかった。むだにできる時間などないことが、よくわかっていたからだ。

朝の九時、歩きはじめてすでに六時間がたっていた。三人は熱いシチューの朝食をとるために立ち止まった。遠くには高い山なみが見える。ストロームネスにたどりつくために、どうしてもこえなければならない山だ。山の尾根《おね》には、四つの切れ目が見えた。そのどれかひとつが、山の向こう側におりられるルートになっていることを祈《いの》るしかない。その山さえこえることができれば、いちばんの難所はすぎたことになるはずだ。

熱い食事に勇気づけられて、三人は山のふもとに向けて歩きはじめた。まずいちばん端《はし》の尾《お》根《ね》の切れ目めざしてのぼっていったが、のぼりつめてみると、そこからはくだることができないのは一目でわかった。山の向こう側は、切り立った崖《がけ》だったからだ。三人はのぼってきた道をとちゅうまでおりて、横に移動し、また次の切れ目向けてのぼっていった。しかし、そこも、おなじように切り立った崖《がけ》で、おりることはできない。ふたたびおりて、三番目をめざすしかない。ところがたどりついてみると今度もまた、おりていくルートはどこにも見あたらなかった。

四つ目の切れ目をめざしながら、一行は深刻な事態になりつつあることを感じていた。のぼったりくだったりをくりかえして、ずいぶん時間をむだにしてしまった。太陽はもう沈《しず》みはじめている。気温も急激にさがりはじめた。低い土地でなら、月明かりのなかを歩くこともできるのだが、これほどの高度では、気温の低下とはげしい風は命とりになる。夜がくる前に、一刻も早く山をおりなければならない。

四つ目の切れ目についてみると、今度もまた向こう側は、崖《がけ》のような急斜面《きゅうしゃめん》だったため、一同はがっかりした。しかし、はるか下の方には平らな雪原らしきものが見える。太陽はもう姿をかくしてしまった。やってきた道をもどるだけの時間もない。目の前の斜面《しゃめん》は、歩いておるには急すぎる。しかし、このままぐずぐずしていては、どっちみち数時間で凍《こご》え死《し》んでしまうだろう。

絶望的な状況《じょうきょう》に追いつめられたシャクルトンは、たったひとつの可能性にかけることに腹を決めた。シャクルトンはワースリーとクリーンに、縦に一列にならんですわり、そりのように、一挙に山をすべりおりようといった。

最初、二人は、シャクルトンは気でもおかしくなったのかと思った。この坂道をすべりおりるなど、自殺をするのもおなじだ。あたりはもはや暗くなり、坂の先がどうなっているかも明らかではない。崖《がけ》からまっさかさまにおちる可能性も、大岩に激突《げきとつ》する可能性もある。しかし、ワースリーとクリーンは、すぐにシャクルトンの説得を受け入れた。じっとしていてもまちがいなく死ぬのなら、試しにすべってみて死ぬ方がましだと。

縦にならんですわり、前の人間に腕《うで》と足をからめるようにして、三人は飛ぶように坂をすべりおりた。矢のようなおそろしいスピードに、三人はジェットコースターにのっている子どものようにさけび声をあげた。気の遠くなりそうな、それでいて心の浮《う》き立《た》つような数分間がすぎた。やがて坂がすこしずつゆるやかになったと思うと、三人はドサッと音を立てて、やわらかい雪の土手に投げだされた。しばらくの間、三人はぼうぜんとすわっていた。それから、止まっていることに気づくと、肩《かた》をたたきあってくるったように笑いだした。心臓が止まってしまうかと思われた滑走《かっそう》を無事にやりとげたのだ。ワースリーはのちに、このときすべりおりた距離《きょり》は一・五キロ以上だろうと見積もっている。

興奮がおさまると、三人はいそいで食事をとり、目の前に横たわっている新たな丘《おか》にのぼりはじめた。月がのぼり、明るい光で行く手を照らしてくれる。歩きつづけているおかげで、寒さもさほどこたえない。真夜中、出発から二十一時間後に、三人は丘《おか》の上にたどりつき、おりはじめる前にふたたび食事をとった。

シャクルトンは四時間ごとに必ずあたたかい食事をとることに決めていた。三人は食事と、ときどきはさむ短い休憩《きゅうけい》のほかは、ぶっつづけに歩き通してきた。それでも三人はまだまだ元気で、ワースリーとクリーンはシチューをあたためるコンロの火を見つめながら、陽気に歌声さえあげていた。

その後、短い休憩《きゅうけい》の間に、ワースリーとクリーンが眠《ねむ》りにおちてしまったことがあった。シャクルトンは自分まで眠《ねむ》ってしまわないよう睡魔《すいま》と戦った。極地探検家ならだれでも、このような低い気温のなかで眠《ねむ》ることがどれほど危険なのかを知っている。眠《ねむ》りにおちて、寒さにさらされつづけるうちに、感覚がまひして、あたたかく感じるようになってしまう。そうして、ついには凍死《とうし》するまで眠《ねむ》りつづけることになる。シャクルトンは十分間だけ寝《ね》かせておいてから、二人をゆり起こし、もう三十分も寝《ね》ていたとうそをついた。この罪のないうそが効果をあらわして、ワースリーもクリーンもかなり元気をとりもどした。

五月二十日の午前六時ごろ、三

サウスジョージア島の山々を見渡《みわた》すパノラマ写真

人は山岳《さんがく》地帯最後の峠《とうげ》についた。ここからあとは、もうくだるだけだ。遠くに見える風景には、見おぼえがあるような気がしてきた。三人は正しい方角に歩いてきていたのだ。最もけわしい土地は、もう自分たちのうしろにあった。ワースリーは、のこりはあと二十キロほどだと推測した。

　午前七時ちょうどに、三人はある音を耳にして、道のとちゅうで凍《こお》りついたように立ち止まってしまった。それは、ストロームネスの住人に朝のおとずれを告げるサイレンの音だった。三人にはその音が、まるで神が奏でる神聖な音楽のように聞こえた。ついに、文明社会のすぐそばまで帰ってきたのだ。それは、厳粛《げんしゅく》でよろこびに満ちた瞬間《しゅんかん》だった。ここまでくれば、やりとげたことはもうまちがいない。

行く手には、もはやこえるべき山はなかったが、それでも楽な道ではなかった。ストロームネスにおりていくとちゅうには、まっすぐ切り立つような固い氷の坂があった。三人は手斧《ておの》とブーツのかかとで氷を刻みながら、そろそろとおりていった。その坂のあとには平らな雪原が待っていた。ところが、それは氷の張った湖で、気づいたときにはクリーンが氷を踏《ふ》みぬいて、ずぶぬれになってしまった。

午後一時半には、眼下にストロームネスの町を見おろせるところにたどりついた。三人はふたつの丘《おか》にはさまれたV字谷の底の坂道をくだっていった。両側から雪と氷がとけておちてくるため、谷の底には水が流れていた。ときにその水は、ひざの高さまで達するほどだった。三人の足はかじかんで感覚がなくなってきた。ところが、もっと気持ちをくじかれる光景が待っていた。坂道はとつぜん急になり、その先で、見えなくなってしまった。捕鯨《ほげい》基地まであと一キロもないというのに、そこには滝《たき》が口をあけていたのだ。

見たところ十メートルはありそうな滝《たき》だった。滝《たき》の両側も急な崖《がけ》だ。いまさらひきかえすこ

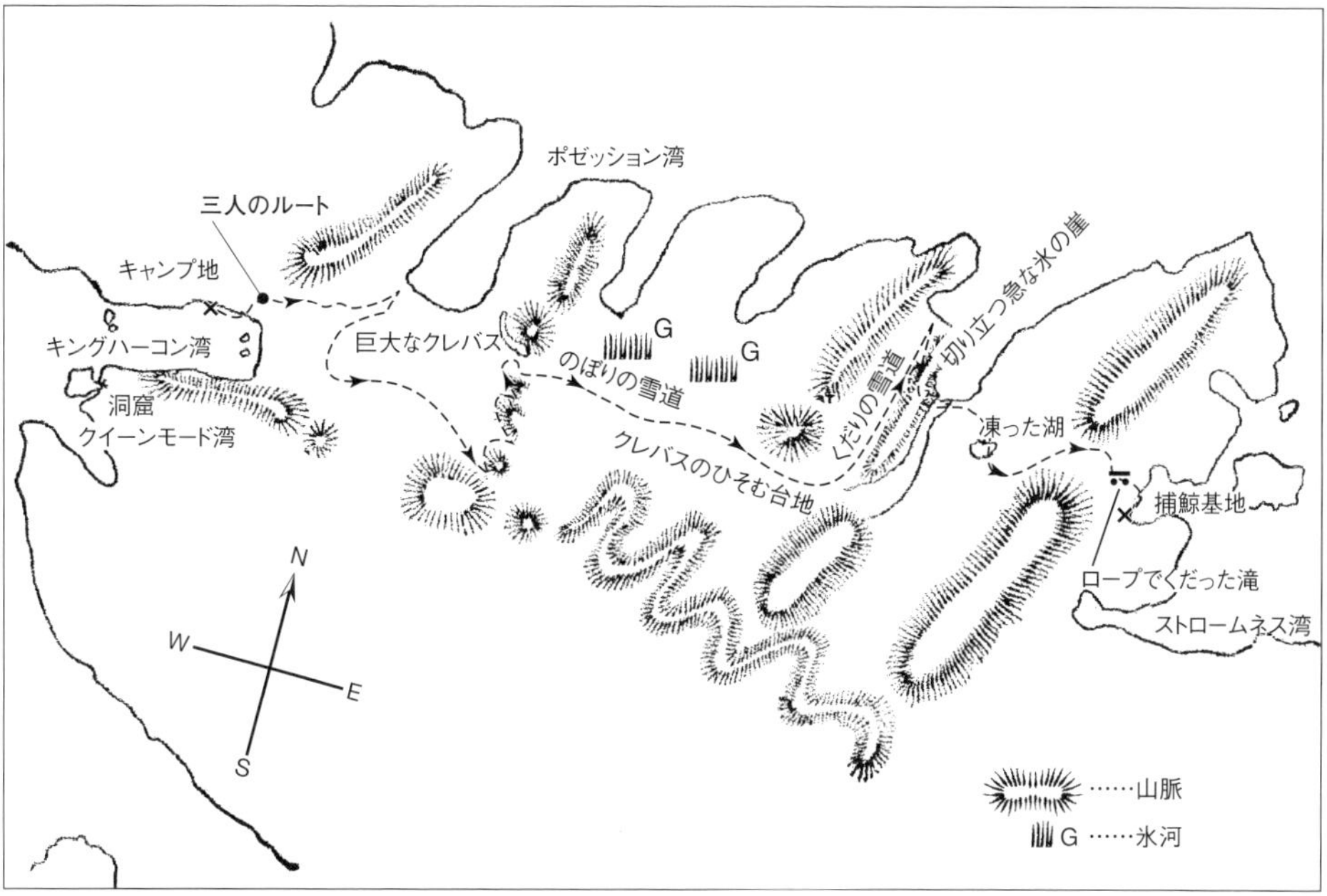

ワースリーのメモに基づいた三人のおおまかなルートを記した地図

とはできない。シャクルトンはなかまにあれこれ考える時間をあたえず、すぐにロープを岩にくくりつけた。一度に一人ずつ、ロープでささえながら、氷のように冷たい滝《たき》のなかをおりていくことにしたのだ。

滝《たき》の下につき、固い地面を踏《ふ》みしめると、びしょぬれになってはいても、高ぶる気持ちをおさえることはできなかった。ストロームネスまでは、あとほんの数分の距《きょ》離《り》だ。ところが、ここにきてワースリーが、先に進むのをためらいはじめた。シャクルトンがおどろいて問いただすと、ワースリーは、自分の外見が急に気になってきたらしい。長い間にこびりついた汚《よご》れや垢《あか》をおとすことなどできるはずもなかったが、ワースリーはせめてもと、大事にとっておいた三本の安全ピンで、服の破れをなんとかかくして、ようやく満足した。シャクルトンはそのときのワースリーの悲しいほどの努力をおもしろがって、その後何度もからかった。

そして、三人はいよいよ基地のなかへと踏《ふ》みこんだ。基地ではたくさんの男たちが忙《いそが》しそうに働いていた。三人を見た最初の何人かは、なにもいわずにあわてて走り去ってしまった。三人は、そのことにはおどろかなかった。おたがいにはすっかり見なれた姿だったが、長くのびてからまりあった髪《かみ》やひげ、垢《あか》だらけの顔や汚《きたな》い服が、人をおどろかす姿だということは十分にわかっていた。悪臭《あくしゅう》さえ、ただよわせていたかもしれない。

シャクルトンは二人の少年に声をかけ、捕鯨《ほげい》基地の現場監督《かんとく》の家のある方角がどちらかたずねてみた。しかし、二人は三人の姿をちらっと見るなり、おびえた鹿《しか》のように走ってにげてしまった。最後にようやくノルウェー人の船乗りをつかまえて、現場監督《かんとく》のトラフ・セレルの家を教えてもらうことができた。シャクルトンとセレルは、おたがいによく知った仲だった。しかし、セレルがドアをあけたとき、シャクルトンのことがわからずに、だまってその顔を見つめつづけたのも無理はなかった。

その後に起こったことについては、シャクルトンとワースリーとで記憶《きおく》が食いちがっている。ワースリーは、セレルはシャクルトンが自分の名を名のるまで、こんな知り合いはいないとつっぱねたといっている。シャクルトンは、セレルはシャクルトンのことを別の人間だとかんちがいして、こまっていたという。さらに、セレルの横に立っていた船乗りの記憶《きおく》では、シャクルトンが名前を告げたとたん、セレルはおどろきと感激で、さめざめと泣きはじめたとしている。

いずれにしろ、セレルが三人をすぐに家のなかに招き入れたという点では、記憶《きおく》は一致《いっち》している。セレルは食事と飲み物を用意した。三人の男たちは、これほどうまいものを食べたことは、いままで一度もないと思った。みんなが食事をとっている間、セレルは目をまるくして、シャクルトンが語る物語に耳をかたむけていた。

第十六章　救助船

三人が交代で風呂《ふろ》にはいっている間に、セレルはすぐさま、キングハーコン湾《わん》にのこされた三人をむかえにいく捕鯨船《ほげいせん》の手配をすませた。すっかりきれいになり、新しい服を身につけたワースリーも、捕鯨船《ほげいせん》に同乗することになった。ワースリーは、熱い風呂《ふろ》に節々の痛む体を沈《しず》めた瞬間《しゅんかん》、最高に幸せな気分を味わったと語っている。これまでのすべての苦労がむくわれたのだから。

捕鯨船《ほげいせん》はその日の夜に出航し、翌朝にはキングハーコン湾《わん》についた。

キャンプ地では、まずマッカーシーが捕鯨船《ほげいせん》の汽笛に気づいた。小型ボートがおろされ、浜《はま》に近づいてくる間中、マッカーシーは手をふりまわし、大声をあげつづけた。三人の男たちは、救助船がやってきたことは心からよろこんだが、ワースリー船長自らが助けにきてくれると思っていたのに、と不満の声をあげた。三人の目の前に立っていたワースリーは、それを聞いて吹《ふ》きださずにはいられなかった。ひげをそり、髪《かみ》を切り、風呂《ふろ》でみがきたてて新しい服を着ているワースリーのことを、十六か月もともに暮らしてきたなかまが気づかなかったのだから。

ストロームネスでは、シャクルトンが文明社会にもどってきた第一夜を眠《ねむ》れずにすごしていた。なにもかもが快適すぎて、かえっておちつかず、眠《ねむ》りにつくことができなかった。シャクルトンは窓の外で横なぐりに降《ふ》っている雪をじっと見つめていた。この雪がもう一日早く降《ふ》りはじめていたら、自分たちがあの山をこえることはけっしてできなかっただろうと考えながら。あたたかくやわらかいベッドに身を横たえて、外の嵐《あらし》を見つめながら、シャクルトンは感謝の気持ちに満たされていた。

そのときから三十年以上もたってから、サウスジョージア島の山脈ごえの旅を試みた登山の専門家がいた。ベテランの隊員と十分な食糧《しょくりょう》に最新の防寒服のほか、必要な登山用具すべてを備えての旅だった。歴史上二回目の山ごえを成功させたこの登山家は、シャクルトンたちの偉《い》業《ぎょう》についてこう述べている。

「彼らが、それをやらなければならなかったということはわかる。しかし、彼らがどうしてやりとげることができたのか、わたしにはまったくわからない」

こえることなど無理だと考えられていたサウスジョージア島の山脈

翌日の夜、ケアード号の六人がそろったところで、盛大な宴会《えんかい》がもよおされた。古手の船乗りがたくさん集まって、不可能を可能にした男たちに、次々と握手《あくしゅ》を求めてきた。この船乗りたちの多くはノルウェー出身で、いずれも生涯《しょうがい》のほとんどを、荒《あ》れくるう南の海ですごしてきた連中だったが、ケアード号の旅ほどすさまじい航海の話を聞くのははじめてだった。

こうして海のなかまたちとすごす時間は、まるで天国にいるような気分だったが、シャクルトンはそれだけなおさら、エレファント島にのこしてきたなかまを早く救いにいきたいとあせっていた。もしかすると、体の弱ったものが二、三人、すでに死んでしまっているかもしれないと、不安も感じていた。

ストロームネスの港には、大型の捕鯨船《ほげいせん》サザン・スカイ号が停泊《ていはく》していた。シャクルトンはすぐさまこの船を、エレファント島への救助船として借り受ける許しをもらった。船乗りにはことかかなかった。海難救助の伝統にしたがって、捕鯨《ほげい》漁師たちが何人も志願してくれたからだ。

サザン・スカイ号はすぐに準備を終え、エンジンを動かしてエレファント島へ向けて出航した。しかし、とちゅうで流氷帯に行く手をさえぎられた。冬をむかえて、氷がまた厚く育っていたのだ。とうとう燃料が足りなくなってしまい、シャクルトンは、エレファント島から百キ口足らずのところまで近づきながら、ひきかえしてこなくてはならなかった。

シャクルトンは、そのままサザン・スカイ号を南米大陸沖《おき》にあるフォークランド諸島に向かわせ、ただちに二度目の救助の計画を練った。ときはすでに五月の下旬《げじゅん》になっていた。ケアード号がエレファント島を発ってから、一か月以上がたっていた。ぐずぐずしてはいられない。

フォークランド諸島からは電報を打つことができた。シャクルトンは各国に向けて、自分たちの苦境を訴《うった》える電報を打った。シャクルトンが無事だというニュースは、たちまち妻エミリーにも伝えられ、シャクルトンがエミリーにあてた手紙もやがて届いた。シャクルトンは自分たちに起こったことをかんたんに説明して、自分が無事であることを伝え、最後にはこうつけ加えている。

「ぼくたちは、最初から最後まで自然に裏切られつづけた」

長い間、夫の帰還《きかん》を待ちつづけるうちに、エミリーは、しんぼう強い人間に変わっていた。南極大陸と格闘《かくとう》するうちに、ねばり強さを身につけたシャクルトンとおなじように。エミリーは夫の無事を知って心から安心したものの、このまま終わってしまうような人間ではないことを感じとっていた。もし、もう一度南極大陸へもどる方法があるなら、自分の夫はどんなことをしてでもその方法を見つけだすだろう、と。

夫を待ちながら家を守り、子育てもほとんど一人でおこなってきたエミリーは、その後もおなじような生活を淡々《たんたん》とつづけた。生涯《しょうがい》を通じて、シャクルトンは数多くの絶望感を味わったが、自分の妻の心の広さと芯《しん》の強さについては心から満足していたことだろう。

シャクルトンが無事だったことを知って、世界中がわきかえった。戦争のさなかにもかかわらず、シャクルトンのニュースは新聞の一面をかざった。シャクルトンはイギリス国王からも、無事を祝い、のこされた隊員の無事を祈《いの》る電報を受けとった。

その間も、シャクルトンは必死になって二隻目《せきめ》の救助船を求めて走り回っていた。第一インスティテュート・ド・ペスカ号という船をなんとか調達したシャクルトンは、いそいで準備を整えると、ふたたびエレファント島に向かった。ちょうど三日でエレファント島の山の頂が見えるくらいまで近づいたが、今度も、流氷帯のよろいに行く手をはばまれた。くやしさに身もだえしながらも、船をひきかえさせる以外になかった。

シャクルトンは次に、郵便船にのっていちばん近い国チリにわたった。イギリス政府の手助けによって、がんじょうな二本マストの帆船《はんせん》エマ号を借りるだけのお金はすぐに集まった。帆《ほ》とエンジンの両方を使うことのできるエマ号は、流氷帯を破りながら進むだけの力をもっているように思われた。

ストロームネス捕鯨《ほげい》基地

しかし、あてははずれた。エレファント島まであと百五十キロというところで、エマ号もまた氷にはばまれ、すごすごひきかえさなければならなくなった。

シャクルトンたちがストロームネスについてから、すでに三か月近くがたっていた。それなのに、なかなかなかまたちに近づくことができない。シャクルトンの不安とあせりは、どんどん高まった。エレファント島のなかまたちは、食糧《しょくりょう》が足りなくなって、助けにいく前に飢《う》え死《じ》にしてしまわないだろうか。じつはシャクルトンの想像どおり、そのころ島では、それに近い状況《じょうきょう》がおとずれていた。

チリにもどると、シャクルトンにニュー

スが届いていた。むかし、シャクルトンがのっていたディスカバリー号が六週間以内に到着《とうちゃく》し、その船を救助用に使っていいということだった。しかし、六週間もだまって待つことなどできない。ふたたびチリ政府に別の船を貸してくれるようたのんだシャクルトンは、とうとう鋼鉄製の小型船イエルコ号を使うことを許可された。氷がただよう海向きの船ではなかったが、シャクルトンはこのチャンスをのがさず、八月二十五日、四度目の救助の旅に出航した。

そして、ついに、シャクルトンはこれまでずっと探しつづけていたものを見つけた。流氷帯のさけ目だ。イエルコ号はその水路をつき進んだ。濃《こ》い霧《きり》がでていたにもかかわらず、とうとうエレファント島が視界にはいってきた。

島に近づくイエルコ号の甲板《かんぱん》に立って、シャクルトンは浜辺《はまべ》に人がいないかと必死で双眼鏡《そうがんきょう》をのぞいていた。ワースリーもシャクルトンの横に立っている。そのとき、航海士として鍛《きた》えぬかれたワースリーの鋭《するど》い目が、キャンプ地を見つけた。イエルコ号はまっすぐキャンプ地へ向かう。シャクルトンは不安と期待に胸をかきたてられながら、人影《ひとかげ》を見つけようと目をこらしつづけた。

第十七章　再会

エレファント島にのこされ、浜辺《はまべ》の小屋でくらす男たちは、すっかりやせこけていた。あいかわらずワイルドが、毎朝、助けがきたときに備えて身のまわりのものを荷づくりするよう声をかけていた。すっかり、なじみになったかけ声だ。

「さあ、荷物をかたづけろ。今日こそボスがむかえにくるぞ！」

しかし、シャクルトンが島を発ってから、すでに四か月がすぎていた。じつはワイルド自身も、シャクルトンたちがもどってくることはないだろうと思っていた。

みんなの心は沈《しず》んでいた。シャクルトンは死んでしまった。救助される望みはもはやない。男たちはそう考えながら、毎日毎日、おなじ仕事を黙々《もくもく》とくりかえした。

八月三十日、男たちはみな小屋のなかで昼食をとっていたが、ハーレーと画家のマーストン

日増しにふくれあがる絶望感を日々の雑事にまぎらす隊員たち

イエルコ号が見えた直後のようす。左端《ひだりはし》には合図の火から立ちのぼる煙《けむり》が見える

だけは散歩にでていた。霧《きり》におおわれた海を見つめていた二人は、自分の目を疑った。船が見える。しかもこちらに近づいてくる。おどろいたマーストンは大声をあげた。しかし、小屋からはだれもでてこなかった。マーストンの声は聞こえたが、「昼飯だ」とさけんでいるのだろうと思って無視したのだ。

マーストンはころげるように小屋へと走り、なかへ飛びこんだ。男たちはそれでも昼食を食べつづけた。マーストンがふるえる声で、船を見た、というまでは。その後はものすごいさわぎになった。

男たちが一度に出口におしよせたため、キャンバス地の壁《かべ》は破けてしまった。凍傷《とうしょう》の手術の後、まだ自分では歩けないブラックボロもかかえられて外にでた。あわてたあまり、はだしのまま雪の上に飛びだしたものも何人かいた。

ワイルドは服を一山かかえて高みにのぼり、石油をかけて合図の火をつけたが、本当は、その必要もなかった。イエルコ号の甲板《かんぱん》では、シャクルトンとワースリーが、すでにみんなの姿に気づいていた。イエルコ号からボートがおろされて、シャクルトンがのりこんだ。遠くからでも、その力強い姿はまちがえようがなかった。浜辺《はまべ》に立つ男たちは、シャクルトンに気づいて狂喜《きょうき》した。

シャクルトンの方は、しかし、まだよろこぶわけにはいかなかった。浜辺《はまべ》に近づくボートの上で、シャクルトンは何度も何度も注意深く、浜辺《はまべ》の男たちの人数を数えていた。声が届くところまで近づくと、シャクルトンはボートから身をのりだして大声をあげた。

「全員無事なのか⁉」

ワイルドもすぐさま大声で答えた。全員生きている、だいじょうぶだと。

この数か月というもの、ずっと苦しめられていた心配から、シャクルトンはついに解放された。一人の命も失わずにすんだのだ。

『South』では、この写真に「全員無事！ 全員無事！」という説明がある。
近づくボートにはシャクルトンものっている

シャクルトンが浜《はま》に立つと、汚《よご》れはてた男たちが一度にまわりをかこんだ。興奮した男たちはシャクルトンに、小屋や見張り塔《とう》、それから自分たちで工夫したすべてのものを、ぜひとも見てもらいたいと口々にいった。しかし、ふたたび氷のさけ目が閉じてしまうことをなによりおそれていたシャクルトンは、その申し出をことわった。男たちをふたつのグループに分けると、すぐさま、最初のグループをボートにのせ、遠くに見えているイエルコ号に向かって大いそぎでこぎださせた。

エンデュアランス号が、南極大陸をめざし、イギリスの港を出航してからほぼ二年後にあたる一九一六年九月三日、シャクルトンは、何か月も前、心に誓《ちか》った約束をはたした。エンデュアランス号の乗組員を、南極の海からつれもどすことができたのだ。ただの一人も欠けることなく。

世界は彼らを英雄として熱烈《ねつれつ》にむかえいれた。

エピローグ

南極大陸探検の輝《かがや》かしい歴史のなかで、アーネスト・シャクルトンは最も有名な探検家というわけではない。シャクルトンの隊長だったこともあるスコットや、アムンゼンの方が有名だし、評価も高い。アムンゼンもスコットも、シャクルトンがついにたどりつくことのできなかった南極点をきわめているのだから。

しかし、シャクルトンの物語ほど人をわくわくさせるものがほかにあるだろうか。シャクルトンは、失敗のなかから勝利を導きだした探検家として、ひときわ明るく光を放っている。シャクルトンの身にふりかかったことも、それに対してシャクルトンがとった行動も、とても信じられないようなことでありながら、どれもが本当に起こったことなのだ。

これほどの悪運と幸運の両方をあわせもった人間など、ほかにだれがいるだろう。運だけではない。シャクルトンと隊員たちが生きぬく上で、なにか目に見えない不思議な力が働いたとしかいえないような瞬間《しゅんかん》も数多くあった。

嵐《あらし》がとつぜん静まったり、危険に対する胸さわぎを感じて目覚めたり、流氷帯にみるみる脱《だっ》出路《しゅつろ》があらわれたりといったできごとのほかに、シャクルトンはもっと別なことも感じていた。サウスジョージア島を横断している間中、シャクルトンは自分たちのほかにもう一人、だれかがそばにいるという感じをずっといだいていた。あとでワースリーやクリーンと話しているときに、じつは二人も、おなじように四人目のだれかがそばにいると感じていたことを知った。それがだれなのかわかっていたとしても、シャクルトンは最後まで口にだすことはなかった。こうして、この不思議なできごとは、謎《なぞ》のままのこされることになった。

シャクルトンがリーダーとしてすぐれていたことは、だれもが認めるところだろう。しかし、シャクルトンのこの偉大《いだい》さは、南極大陸と結びついてこそのものだった。いったん「現実世界」にもどってくると、シャクルトンの足跡《そくせき》はそれほどりっぱなものとはいえない。借金に苦しみ、事業で失敗し、絶望感にひたることもしばしばだった。イギリスでは、望むものを得られなかった。南極大陸という「別世界」でだけ、シャクルトンは真の自分をとりもどすことができたといってもいいだろう。南極大陸とシャクルトンとを切りはなすことはできないのだ。

第一次世界大戦はシャクルトンの探検のあとも二年間つづき、世界中を疲《つか》れはてさせて一九一八年にようやく終わった。シャクルトンは南極からもどると、ただちにこの戦争にかかわることになった。イギリス政府の任務をおびて南アメリカやロシアへまで旅しながらも、シャクルトンは満たされない思いをいだいていた。そして戦争が終わると、ふたたび南極大陸にもどる夢に向けて動きはじめた。

一九二一年、シャクルトンはもう一度、南極大陸探検をおこなうために資金をだしてくれる人を見つけた。シャクルトンの今回の計画は、クエスト号という新しい船で、南極大陸のまわりを一周するというものだった。古くからの友人、ワースリーとワイルドも参加した。しかし、シャクルトンは、またしても南極大陸にたどりつくことはできなかった。一九二二年一月五日、クエスト号が南極に向けて出発する前、サウスジョージア島に寄港している間に、心臓発作におそわれ、まもなく死んでしまったからだ。そのときシャクルトンは四十七歳《さい》だった。

シャクルトン夫人エミリーの指示で、遺体はサウスジョージア島に埋葬《まいそう》された。六年前に死にものぐるいで横断したその島に。南極大陸にも近く、自分の足跡《そくせき》ものこっているサウスジョージア島に埋《う》められることは、シャクルトンにとって、最もふさわしい終わりに見える。

シャクルトンの友人であり、伝記作家でもあったヒュー・ロバート・ミルは、シャクルトンについて次のように書いている。

「シャクルトンは、強くはげしい風のように生きた」

シャクルトンの大英帝国《だいえいていこく》南極大陸横断探検は、はじめの目的をひとつもとげることができなかった。シャクルトンがはたせなかった南極大陸横断が成功したのは、その後、五十年もたってからのことだ。それをなしとげたのは、エベレスト山に最初にのぼったことで知られるエドモンド・ヒラリーだった。

南極大陸横断をめざした先駆者《せんくしゃ》たちについて、ある探検家はこう語っている。

「科学的な発見という点ではスコットに、旅のすばやさと効率のよさについてはアムンゼンに、しかし、危険がおそいかかり希望を失ったその瞬間《しゅんかん》には、シャクルトン、わたしはあなたの前にひざまずき、祈《いの》りをささげます」

このような形で自分の名がのこっていることを知ったら、シャクルトンは、どれほどよろこんだことだろう。

訳者あとがき

シャクルトンひきいるエンデュアランス号の「偉大《いだい》な失敗」のことを、本書を読むまで知らなかった人はたくさんいらっしゃることでしょう。南極探検の歴史に埋《う》もれたこの漂流《ひょうりゅう》の記録、事実は小説より奇《き》なり、なんていうことばが陳腐《ちんぷ》に思えてしまうぐらい、なんともすさまじいものではありませんか。船はもちろん、着るものひとつ、装備ひとつをとっても、現在とはくらべものにならないほど粗末《そまつ》な時代のことです。エベレストのてっぺんから、携帯電話《けいたいでんわ》で成功の報が届くような時代ではないのです。

そうした不利な条件を補ってあまりあるものが、まさに「エンデュアランス＝不屈《ふくつ》の精神」なのだといってよいでしょう。次から次へと困難な状況《じょうきょう》が立ちふさがっても、けっして希望を失わず、一つひとつ壁《かべ》をのりこえていくその強靱《きょうじん》な意志の力には、おどろくばかりです。

そして、そのユーモア精神！　この隊に明るい笑い声がなかったら、結末はまったくちがったものになっていたかもしれません。心の健康を保つ最高の薬が笑いであることを、シャクルトンはちゃんと知っていたのですね。

しかし、これほどの苦労を経て奇跡《きせき》の生還《せいかん》を果たした隊員たちですが、そのほとんどは、その後すぐに第一次世界大戦の戦場へとかりたてられることになります。ケアード号でサウスジョージア島にわたったマッカーシーをはじめ、戦場であっけなく命を落とした人たちがいるのは、なんとも皮肉でむごいことです。

読むものに生きるよろこびと勇気をあたえてくれるこの物語、多くの人の目に触れることを願ってやみません。

なお、翻訳《ほんやく》にあたっては『エンデュアランス号漂流』（アルフレッド・ランシング著　山本光伸訳　新潮社）、『南へ』（アーネスト・シャクルトン著　奥田祐士、森平慶司訳　ソニー・マガジンズ）を参考にさせていただきました。

二〇〇〇年　六月

千葉《ちば》　茂樹《しげき》

著者：エリザベス・コーディー・キメル
アメリカ、ニューヨーク生まれ。幼い頃からの熱烈な読書家。南極大陸とその探検の歴史には、長年強い関心を抱いており、その情熱が本書執筆へと結実した。ほかにノンフィクション『Balto and the Great Race』、ヤングアダルト向けの小説『In the Stone Circle』などの作品がある。ニューヨーク州コールドスプリング在住。

訳者：千葉茂樹（ちばしげき）
1959年、北海道生まれ。国際基督教大学卒業。編集者として出版社に勤務の後、翻訳に従事。訳書に『ちいさな労働者』『グーテンベルクのふしぎな機械』（あすなろ書房）、『雪の写真家ベントレー』（BL出版）、「恐竜探偵フェントンシリーズ」（小峰書店）、『ひねり屋』（理論社）などがある。

エンデュアランス号大漂流

2000年10月30日　初版発行
2024年５月30日　23刷発行
著者　エリザベス・コーディー・キメル
訳者　千葉茂樹
発行所　あすなろ書房
〒162-0041　東京都新宿区早稲田鶴巻町551-4　電話 03-3203-3350(代表)
発行者　山浦真一　印刷所　佐久印刷所　製本所　ナショナル製本

ISBN 978-4-7515-1814-4 NDC936 Printed in Japan